CW01662292

LETTRES CONTRE LA GUERRE

DU MÊME AUTEUR AUX ÉDITIONS INTERVALLES

La fin est mon commencement, 2008, repris en Points sous le titre *Le Grand voyage de la vie*.

Un devin m'a dit, 2010.

Un autre tour de manège, 2015.

Première publication en italien par Longanesi en 2002 sous le titre *Lettere contro la guerra*.
Première publication en français par les éditions Liana Levi en 2002.

ISBN : 978-2-36956-027-2

TIZIANO TERZANI

LETTRES CONTRE LA GUERRE

Traduit de l'italien par
Fanchita Gonzalez Batlle

Préface d'Armand de Saint Sauveur

ÉDITIONS INTERVALLES

Préface

« Si quelqu'un pointe une arme contre toi, souris », répétait souvent Tiziano Terzani à ses enfants depuis qu'un sourire lui avait sauvé la vie, en avril 1975, au Cambodge. Le journaliste italien tentait alors de rallier Phnom Penh, tout juste conquise par les troupes de Pol Pot, lorsqu'un groupe de jeunes Khmers Rouges, le prenant pour un agent américain de la CIA, l'avait mis en joue et s'apprêtait à le fusiller en plein cœur de Poipet, à quelques kilomètres de la frontière thaïlandaise. Ce sourire avait désarmé ses assaillants.

Depuis 1971, en tant que correspondant pour différents journaux européens, Tiziano Terzani a arpenté l'Asie comme peu d'Occidentaux en ont eu l'occasion. De la chute de Saïgon au génocide cambodgien, il a vu de près les ravages de la guerre sur les populations civiles et ceux de la propagande officielle sur la conscience collective des peuples. Basé successivement à Singapour, Hong Kong, Pékin, Tokyo, Bangkok et Delhi, il a aussi tristement constaté la percée des valeurs matérialistes occidentales dans des sociétés asiatiques épargnées ou déçues par le cauchemar maoïste.

Le 11 septembre 2001, voilà déjà quelques années que Tiziano Terzani a pris du recul sur son métier et regarde d'un peu plus loin les soubresauts du monde. Marqué par l'Inde et sa spiritualité, atteint d'un cancer qui l'emportera finalement en 2004, il s'est lancé dans un cheminement intérieur qu'il entreprend comme un dernier combat. La vérité qu'il pense trouver au terme de cette quête lui semble le seul horizon qui vaille la peine d'être poursuivi. Ce cheminement, qu'il racontera dans un texte d'une rare puissance, *Un autre tour de manège*[1], il l'interrompt pour rédiger ces *Lettres contre la guerre*. Car Terzani sent l'urgence de la situation, lui qui a si souvent vu la guerre n'engendrer que d'autres guerres.

S'il a si bien compris l'Asie, et s'il l'a si bien dépeinte dans ses articles et ses livres, c'est en partie parce que Tiziano Terzani a toujours eu l'habitude de s'immerger complètement dans les pays, dans les cultures qu'il traversait. À Pékin, contrairement aux rares Occidentaux qui y séjournaient en 1979, il a inscrit ses enfants à l'école chinoise, où ces derniers étudièrent trois ans au milieu de la jeunesse pékinoise. En Asie du Sud-Est, décidant un beau jour de respecter la vieille prophétie d'un devin de Hong Kong, il a renoncé pendant un an à prendre l'avion pour raconter cette Asie des devins et des sorciers que le touriste pressé ou les hommes d'affaires filant à la vitesse de la lumière d'une capitale à une autre ignoreront toujours[2].

Choqué par la violence inouïe des attentats du 11 septembre, et comprenant immédiatement les enjeux de la période qui va suivre, il décide, par l'une de ces intuitions

1. Tiziano Terzani, *Un autre tour de manège*, éditions Intervalles, 2015.
2. Tiziano Terzani, *Un devin m'a dit*, éditions Intervalles, 2010.

fulgurantes qui le caractérisaient, d'essayer de voir le monde, ne serait-ce qu'un instant, à travers les yeux des terroristes. Car comment comprendre une telle violence, sinon ? Et surtout, comment avoir raison d'elle ?

Baroudeur par nature, n'ayant rien fait d'autre de sa vie que voyager, il s'envole donc vers l'Afghanistan et le Pakistan, déjà pris pour cibles par les États-Unis et bombardés par les avions de chasse et les drones de l'aviation américaine. Là, interrogeant l'homme de la rue, le marchand ambulant ou l'étudiant en agronomie, il comprend « le drame du monde musulman dans sa confrontation avec la modernité, le rôle de l'islam en tant qu'idéologie anti-mondialisation ». Car s'il est presque devenu un lieu commun, en Occident, de réfuter l'idée de « choc des civilisations » et de prôner le dialogue des cultures sans pour autant sortir de son salon, comment véritablement comprendre l'autre si l'on ne vient pas chez lui, si l'on ne tente pas de voir un jour le monde avec ses yeux ?

Dédiées à son petit-fils Novalis, ces *Lettres contre la guerre* sont aussi une réponse aux critiques virulentes contre l'islam formulées par une autre célèbre journaliste italienne, Oriana Falacci.

Choquée, elle aussi, par la violence des attentats du 11 septembre à New York, où elle résidait à l'époque, et réagissant à un éditorial pacifiste de Terzani publié dans le *Corriere della Sera*, Oriana Fallaci publie un article le 29 septembre puis un livre en décembre 2001 intitulés *La Rage et l'orgueil*, dans lequel cette grande figure progressiste du journalisme italien s'en prend au monde musulman dans son ensemble[3]. Les musulmans y sont comparés

3. Oriana Fallaci, *La Rage et l'orgueil*, Plon, 2002.

à de « nouveaux croisés » et les imams à des « guides spirituels du terrorisme », dont les mosquées « grouillent jusqu'à la nausée de terroristes ou d'aspirants terroristes ». Effondré par les outrances d'une femme dont la carrière de brillante intervieweuse l'avait amenée à dialoguer avec le Shah d'Iran, Willy Brandt, Lech Wałęsa, Yasser Arafat ou Indira Gandhi, à se débarrasser de son voile devant l'ayatollah Khomeini au beau milieu d'un entretien ou encore à faire admettre à Kissinger que la guerre du Vietnam s'était avérée « inutile »[4], Tiziano Terzani s'attelle à la rédaction d'une réponse circonstanciée, loin des caricatures xénophobes ou des discours bellicistes de la propagande américaine.

Ces *Lettres contre la guerre* sont en effet d'abord l'œuvre d'un Occidental qui a passé près de la moitié de sa vie en Orient sans jamais y perdre ses racines ni son cartésianisme. Mieux que quiconque en Europe, il a senti la nécessité du dialogue Nord-Sud et Est-Ouest, et l'absurdité non seulement de la guerre dite « contre le terrorisme » mais aussi de toutes les guerres menées sous les prétextes de « modernité » ou de « civilisation », qui ne sont souvent que les cache-nez de l'avidité des hommes et de leur soif de pouvoir.

Chaque paragraphe de ce texte nous interpelle par son caractère visionnaire, et le lecteur sera frappé d'y déceler toutes les chausse-trappes que l'Occident aurait pu éviter dans son rapport au monde musulman et plus largement à toutes les autres cultures, avant et après le 11 septembre 2001. Et pourtant, pas plus que le vibrant discours du

4. Voir à ce sujet la passionnante biographie que lui a consacré Cristina de Stefano, *Oriana, Une femme libre*, Albin Michel, 2015.

ministre des Affaires étrangères français Dominique de Villepin aux Nations Unies, ces *Lettres contre la guerre* n'ont pu empêcher le déclenchement des hostilités en Irak, en 2003, ni les tragiques conséquences de cette guerre sur l'ensemble du Moyen-Orient, et bien au-delà, depuis lors. À la parution du livre en Italie, l'ambassade américaine à Rome émit même une protestation officielle contre ce qu'elle considérait comme une fissure dans cet « axe du bien » si vaguement défini, de sorte qu'aucun éditeur anglo-saxon n'osa faire traduire et publier ce texte. C'est Terzani lui-même qui finança sa traduction et mit la version anglaise en accès libre sur Internet.

Ce n'était pas la première fois que Terzani dérangeait par ses écrits. Son tout premier article en tant que journaliste, publié en 1971 dans *l'Astrolabio,* dénonçait vigoureusement la politique d'apartheid en Afrique du Sud et lui avait valu – déjà – des protestations officielles des autorités sud-africaines. En 1984, alors correspondant de *Der Spiegel* à Pékin, il fut arrêté puis expulsé de Chine pour ses écrits jugés « contre-révolutionnaires » par le pouvoir maoïste.

Et pourtant, ce dont il est question dans *Lettres contre la guerre,* à savoir la Paix, est-ce là une notion si dérangeante ? Elle l'est sans doute pour les autorités promptes à désigner tel ou tel bouc émissaire aux crises que traverse le monde plutôt que d'en diagnostiquer et d'en guérir les causes profondes. Voilà peut-être d'où provient la force de ces *Lettres,* car il s'agit là du cri du cœur d'un homme qui tente de délivrer un message à la portée universelle. Il l'explique lui-même dans la dernière conversation qu'il a eue avec son fils Folco, publiée juste après sa mort sous le titre

La Fin est mon commencement[5]. « Les *Lettres* sont le dernier cri du journaliste : parce que, oui, je vais là où les bombes sont tombées, mais en vérité, je le fais pour essayer de comprendre ce qu'il y a derrière, n'est-ce pas ? C'est ce que j'ai toujours essayé d'expliquer : les motivations des autres. Ce n'est pas le livre d'un journaliste, c'est le livre d'un homme qui se met à tirer contre la guerre, pour la paix. »

En 2003, la journaliste Florence Aubenas a titré le beau portrait qu'elle consacra à Terzani dans *Libération* d'une heureuse formule, « Va-t'en-paix », qui synthétise admirablement la colère sourde et le pacifisme de combat du Tiziano Terzani des dernières années de sa vie. C'est cette virulence pacifiste que des milliers de jeunes venaient écouter alors, dans chacune de ses apparitions publiques, et qui fit de lui la figure tutélaire du mouvement *Pace* en Italie. Alors que les partisans de la guerre et les racines du terrorisme international paraissent plus virulents aujourd'hui encore qu'il y a dix ans, il est plus urgent que jamais d'écouter la voix, impétueuse et sereine à la fois, de Tiziano Terzani.

Armand de Saint Sauveur

---

5. Éditions Intervalles / Les Arènes, 2008, repris en Points sous le titre *Le Grand voyage de la vie*.

À Novalis,
mon petit-fils,
pour qu'il choisisse la paix.

10 septembre 2001 :
le jour manqué

Il y a des jours dans la vie où il ne se passe rien, des jours qui s'achèvent sans qu'il y ait rien à en retenir, sans laisser de trace, presque comme si on ne les avait pas vécus. Si on y réfléchit, c'est le plus souvent le cas, et ce n'est que lorsque le nombre de jours qui nous restent diminue visiblement qu'on se demande comment on a pu en laisser filer autant, négligemment. Mais nous sommes ainsi faits : l'avant ne s'apprécie qu'après, et c'est seulement quand quelque chose fait partie du passé que nous nous rendons vraiment compte de ce que ce serait de l'avoir dans le présent. Et ça n'y est plus.

Le 10 septembre 2001, pour moi, et je ne suis sûrement pas le seul, a été un jour de ce genre : un jour dont je ne me rappelle absolument rien. Je me trouvais à Orsigna, l'été était fini, la famille s'était de nouveau dispersée dans toutes les directions et je préparais sans doute mes vêtements et mes papiers pour retourner en Inde passer l'hiver.

Je pensais partir après mon anniversaire, mais je ne comptais pas les jours, et ce 10 septembre 2001 a filé sans que je m'en aperçoive, comme s'il n'avait même pas figuré dans le calendrier. Dommage. Car pour moi, pour nous tous – même pour ceux qui aujourd'hui encore se refusent à le croire –, ce jour a été des plus particuliers, un de ceux dont nous aurions dû goûter consciemment chaque instant. C'était le dernier jour de notre vie d'avant : avant le 11 septembre, avant les tours jumelles, la nouvelle barbarie, la limitation de nos libertés, avant la grande intolérance, la guerre technologique, les massacres de prisonniers et de civils innocents, avant la grande hypocrisie, le conformisme, l'indifférence ou, pis encore, la colère mesquine et l'orgueil mal placé ; le dernier jour avant que notre envie de plus d'amour, plus de fraternité, plus d'âme, plus de joie ne soit déroutée vers plus de haine, plus de discrimination, plus d'intérêts matériels et plus de douleur.

Je sais. En apparence, rien ou presque n'a changé dans notre vie. Le réveil sonne à la même heure, on fait le même travail, dans le compartiment du train les portables sonnent toujours et les journaux continuent à paraître tous les jours avec leur dose de semi-mensonges et de demi-vérités. Mais c'est une illusion, l'illusion de ce silence qui dure entre le moment où l'on voit au loin une forte explosion et celui où l'on en ressent le choc. L'explosion s'est produite, énorme, épouvantable. Le choc nous atteindra, il nous assourdira. Il pourrait même nous balayer. Mieux vaut se préparer à temps, réfléchir avant de devoir courir, même si ce n'est qu'au figuré, pour essayer de sauver les enfants ou prendre une dernière chose à emporter.

Le monde a changé. Nous devons changer nous-mêmes. Avant tout, en ne faisant plus comme si tout était comme avant, comme si nous pouvions continuer à vivre lâchement une vie normale. Avec ce qui se passe dans le monde, notre vie ne peut pas, ne doit pas être normale. Nous devrions avoir honte de cette normalité.

J'ai été frappé immédiatement par cette impression que tout avait changé. Un ami m'avait téléphoné en me disant simplement: «Allume tout de suite la télé.» Quand j'ai vu en direct le second avion exploser, j'ai pensé: «Pearl Harbor. C'est une nouvelle guerre.» Je suis resté collé des heures devant la BBC ou CNN, puis je suis sorti me promener dans la forêt. Je me souviens de ma stupeur en m'apercevant que la nature était indifférente à ce qui se passait; les châtaignes commençaient à mûrir, les premiers brouillards à monter de la vallée. J'entendais au loin le bruissement habituel du torrent et les clochettes des chèvres de Brunalba. La nature se désintéressait totalement de nos drames d'humains, comme si nous ne comptions vraiment pas, comme si nous pouvions même disparaître sans laisser réellement un vide.

J'ai passé toute ma vie d'adulte en Asie et je suis vraiment convaincu maintenant que tout est un et que, comme le résume si bien le symbole taoïste du Yin et du Yang, la lumière porte en elle le germe des ténèbres et qu'au centre des ténèbres il y a un point de lumière. C'est peut-être ce qui m'a fait penser que l'horreur à laquelle je venais d'assister était... une bonne occasion. Le monde entier avait vu. Le monde entier allait comprendre. L'homme allait prendre conscience, se réveiller pour tout repenser: les rapports entre États, entre religions, les rapports avec la nature, les rapports entre hommes. C'était une bonne occasion pour faire un examen de conscience, accepter nos responsabilités d'Occidentaux et faire peut-être enfin un saut qualitatif dans notre conception de la vie.

Devant ce que je venais de voir à la télévision et ce à quoi nous pouvions nous attendre, nous ne pouvions pas continuer à vivre normalement, contrairement aux chèvres que j'ai vues paître en rentrant chez moi.

De toute ma vie je ne suis resté autant devant la télévision qu'au cours des jours qui ont suivi. Du matin au soir. Je ne dormais presque pas. J'avais tout le temps cette phrase en tête : une bonne occasion. De par mon métier, j'ai toujours cherché une autre voie que la vérité officielle ; dans les conflits, j'ai toujours essayé de comprendre les raisons des deux camps. En 1973, en compagnie de Jean-Claude Pomonti du *Monde* et du photographe Abbas, j'avais été l'un des premiers à franchir les lignes du front du Sud-Vietnam pour parler avec l'« ennemi », les Vietcongs. De même, pour essayer de comprendre les terroristes qui avaient déjà essayé de faire sauter une des tours jumelles à New York, j'avais réussi en 1996 à entrer deux fois de suite dans l'« université du djihad » pour parler avec les partisans d'Oussama Ben Laden.

J'ai pensé qu'il serait utile de rappeler brièvement cette histoire et les impressions laissées par ces visites pour imaginer le monde du point de vue des terroristes. Mais écrire me pesait.

J'allais avoir soixante-trois ans le 14 septembre et mes excellents rapports de travail avec le *Spiegel* prenaient officiellement fin à cette date. Ils avaient débuté trente ans plus tôt, mais ils étaient en veilleuse depuis 1997 déjà, à ma demande et d'un commun accord.

Avec *In Asia*[1], le livre qui réunissait les grandes et les petites histoires dont j'avais été témoin, j'avais dit ce que j'avais à dire sur le journalisme. Depuis, je me suis pratiquement retiré du monde. Je passe une grande partie de

1. Tiziano Terzani, *In Asia*, Longanesi, Milan, 1998.

mon temps dans l'Himalaya et je suis profondément heureux de n'avoir d'autres contraintes de temps que celles de la nature : quand il fait noir, c'est l'heure de se coucher, et la première lueur du jour, celle de se lever. Là où j'habite, un endroit isolé à deux heures de voiture du premier centre habité, plus d'une heure à pied à travers une forêt de rhododendrons géants, il n'y a ni électricité ni téléphone et je n'ai d'autres distractions que les animaux, les oiseaux, le vent et les montagnes, ce qui est très agréable. J'ai perdu l'habitude de lire les journaux et, même quand je viens en Europe, je m'en passe volontiers : les histoires se répètent et il me semble les avoir déjà lues il y a des années, quand elles étaient mieux écrites.

L'hiver est pour moi la plus belle saison dans l'Himalaya. Le ciel est tout à fait limpide et les montagnes paraissent très proches. J'avais fait des projets définitifs pour partir, mais comme disent les Indiens en indiquant le ciel : « Tu veux faire rire Baghawan (Dieu) ? Alors, dis-lui tes projets. »

J'ai donc passé mon anniversaire à écrire non pas un article avec un nombre fixe de lignes, et un angle accrocheur, mais une lettre comme j'en aurais écrit d'un jet à un ami.

J'aime écrire des lettres. J'ai toujours pensé que si j'étais né riche il y a trois cents ans, là où je suis né pauvre, à Florence, j'aurais simplement voulu parcourir le monde pour écrire des lettres. Le journalisme m'a permis de faire quelque chose d'approchant, mais avec un espace délimité, des dates et des heures butoirs, des contraintes de langage. Maintenant je peux enfin écrire simplement des lettres.

J'ai envoyé celle d'Orsigna par e-mail à Ferruccio de Bortoli, directeur du *Corriere della Sera*, avec un message qui disait plus ou moins : « À toi de voir. Selon nos accords. »

J'avais eu pendant des années un contrat de collaboration avec le *Corriere*, mais au moment de le renouveler j'avais choisi de ne pas le faire, pour la même raison que je n'ai jamais voulu d'avance sur des livres pas encore écrits. Je ne veux être obligé à rien, je ne veux pas me sentir coupable ni tenu par le devoir. De Bortoli et moi nous sommes donc rabattus sur un *gentleman agreement* très personnel : je serais libre d'écrire quand je voulais, autant qu'il me plaisait et comme je l'entendais, et lui libre de publier ou pas, en changeant tout au plus les virgules. C'est ce qui s'est passé.

La lettre est parue le 16 septembre. Le titre n'était pas celui que j'avais suggéré : « Une bonne occasion », mais je ne pouvais pas me plaindre, et je n'ai d'ailleurs jamais eu à le faire. Elle commençait en une et la suite occupait une page tout entière. La substance de tout ce que je voulais dire était là : les raisons des terroristes, le drame du monde musulman face à la modernité, le rôle de l'islam en tant qu'idéologie antimondialisation, la nécessité de la part de l'Occident d'éviter une guerre de religion, une issue possible : la non-violence.

C'était un pavé dans la mare. J'ai fini de préparer mes vêtements et mes papiers et je suis allé à Florence, prêt à partir. Je n'étais pas sûr d'aller dans l'Himalaya. Retourner dans ma splendide retraite me paraissait un luxe que je ne pouvais pas me permettre. Bush venait de dire : « *We shall smoke Osama bin Laden out of his cave* ». Je devais admettre qu'Oussama m'avait tiré de ma tanière.

J'avais déjà eu la tentation de retourner dans le monde, de « descendre en plaine », comme ils disent dans l'Himalaya quand ils vont au marché. L'édition américaine d'*Un devin m'a dit*[2] avait paru en juillet et mon éditeur m'avait invité à

---

2. Tiziano Terzani, *Un devin m'a dit*, éditions Intervalles, Paris, 2010.

faire cette chose horrible que les Américains appellent *flogging*, pousser le livre pour qu'il se vende, ce qui signifie en termes simples devenir un paquet dans les mains de jeunes « relations publiques » extrêmement compétents et efficaces qui vous prennent en charge et vous trimballent du matin au soir en voiture, en avion, en hélicoptère, d'une côte à l'autre, d'une ville à l'autre – parfois deux dans la journée –, et vous plantent tantôt devant l'interviewer d'un quotidien qui n'a lu que la quatrième de couverture du livre, tantôt devant les micros d'une station de radio pour chauffeurs de taxi ou pour insomniaques, tantôt devant les caméras d'un grand show télévisé ou celles d'une émission plus modeste destinée tôt le matin aux ménagères, où on parle d'avenir entre une recette de salade de poulet et un nouveau modèle de paire de skis nautiques. Je l'ai fait pendant deux semaines. Et Dieu sait si ça en valait la peine ! Je suis rentré de ce voyage abasourdi et épouvanté. J'avais vu une Amérique arrogante, obtuse, entièrement concentrée sur elle-même, bouffie de pouvoir, de richesse, sans la moindre compréhension ni curiosité pour le reste du monde. J'avais été frappé par le sentiment général de supériorité, la conviction d'être unis et forts, de représenter la civilisation définitive. Le tout sans aucune autodérision.

Un soir, après une présentation du livre au Smithsonian Institute, un vieux journaliste que je connais depuis des années m'a emmené voir différents monuments dans le centre de Washington, celui, particulièrement émouvant, consacré aux soldats tombés au Vietnam, celui, théâtral et suggestif, des morts de Corée, et l'emplacement, à venir, de celui des morts de la Seconde Guerre mondiale.

La première réflexion que j'ai faite a été qu'il me semblait curieux qu'un pays jeune, fondé sur l'aspiration au bonheur, ait décidé de placer au centre de sa capitale tous ces monuments dédiés à la mort. Mon ami n'y avait jamais pensé. Quand nous nous sommes trouvés devant le gigantesque Lincoln blanc, assis sur un grand fauteuil blanc dans une colossale réplique toute blanche d'un temple grec, j'ai dit soudain, sachant qu'il était allé lui aussi à Pyongyang : « Il me rappelle Kim Il-Sung. »

Il s'est offensé comme si j'avais profané la Sainte Vierge. « Nous aimons cet homme », a-t-il répondu. Je me suis retenu de lui faire remarquer qu'un Nord-Coréen aurait dit exactement la même chose, mais telle était l'impression que l'Amérique m'avait faite. Le parallèle ne résidait pas seulement dans le gigantisme des monuments, mais dans le fait que les Américains me semblaient eux-mêmes victimes d'un lavage de cerveau : ils disent tous les mêmes choses, ils pensent tous de la même façon. La différence est que, contrairement aux Nord-Coréens, ils croient le faire librement et ne se rendent pas compte que ce conformisme est le fruit de tout ce qu'ils voient, boivent, entendent et mangent.

L'Amérique m'avait fait peur et j'avais pensé y retourner, peut-être faire un voyage de quelques mois à travers le pays, un voyage comme j'en avais fait avec ma femme Angela quand j'étais étudiant à Columbia University, un voyage que faisaient à une certaine époque les journalistes européens, aujourd'hui collés devant leur ordinateur à New York, où ils voient et lisent ce que l'Amérique veut qu'ils voient et qu'ils lisent afin de pouvoir le répéter.

J'avais déjà mon billet pour Delhi en poche quand mon ami – toujours lui – m'a appelé : « Tu l'as lue ?

— Quoi ?

— La réponse d'Oriana Fallaci. Dans le *Corriere* de ce matin. »

Il était trois heures de l'après-midi, le 29 septembre, et j'ai dû parcourir la moitié de Florence pour trouver un exemplaire. On s'était arraché le journal.

J'ai lu les quatre pages pleines et j'ai éprouvé une grande tristesse. Encore une fois je m'étais trompé. Bonne occasion en effet! Le 11 septembre avait été l'occasion de réveiller l'agressivité qui sommeille en chacun de nous. Le point central de la réponse d'Oriana était non seulement de nier les raisons de l'« ennemi », mais de nier son humanité, ce qui est le secret de l'inhumanité de toutes les guerres.

J'ai été d'abord choqué, puis très peiné. Chacun a le droit d'affronter la vieillesse et la mort à sa façon; j'étais navré de voir qu'Oriana avait choisi la voie de la rancœur, de l'amertume, du ressentiment: la voie des passions les moins nobles et de leur violence. J'étais sincèrement désolé pour elle parce que la violence – j'en suis de plus en plus convaincu – ne brutalise pas seulement ses victimes, mais aussi ceux qui l'exercent.

Je me suis mis à écrire. Cette fois, la lettre lui était adressée. Elle est parue dans le *Corriere* du 8 octobre, le jour où les photos de Bush et d'Oussama Ben Laden faisaient la une de tous les journaux. L'Amérique avait commencé à bombarder l'Afghanistan. J'ai réussi à trouver un exemplaire du journal à l'aéroport de Florence. Le soleil se levait, je partais pour Paris d'où j'allais m'envoler pour Delhi puis le Pakistan.

J'avais décidé de « descendre en plaine ». Je payais de ma poche, de manière à être libre et, éventuellement, de ne pas écrire. Je me sentais léger à l'idée de ne « représenter » que moi-même et de répondre « retraité » à la rubrique profession sur les fiches de l'immigration.

Les lettres sont celles que j'ai écrites au cours de ce long voyage. Les dates indiquent quand et où. Seulement la moitié de ce qui suit est parue dans le *Corriere*, mais je tiens à préciser que De Bortoli a publié avec une grande exactitude chaque mot de chaque lettre que je lui ai envoyée. Je lui en suis reconnaissant, et je suis sûr que beaucoup de lecteurs le sont aussi. Bien que parfois, notamment après qu'un missile américain eut frappé le siège de la télévision indépendante Al Jazeera à Kaboul, j'aie craint qu'un autre, avec les mêmes intentions, ait pu déjà tomber sur la via Solferino à Milan.

Il est clair que De Bortoli et moi n'avons pas du tout les mêmes idées. Par exemple, il a conclu son éditorial du 12 septembre par une phrase célèbre que beaucoup ont reprise: « Nous sommes tous américains. » Eh bien moi pas. Je me sens fondamentalement florentin, un peu italien et de plus en plus européen. Mais américain, vraiment pas, même si je dois beaucoup à l'Amérique, y compris la vie de mon fils, celle de mon petit-fils – tous deux nés là-bas – et la mienne aussi en partie. Mais ça, c'est une autre histoire.

Au fond, j'ai du mal à me définir. Je suis arrivé à mon âge sans avoir jamais voulu appartenir à quoi que ce soit, ni à une Église, ni à une religion: je n'ai jamais pris la carte d'un parti, je ne me suis jamais inscrit dans une association, ni celle des chasseurs ni celle des protecteurs des animaux. Non que je ne sois pas du côté des petits oiseaux et contre ces brutes au fusil qui tirent cachés dans une hutte, mais parce que je me sens à l'étroit dans n'importe quelle organisation. J'ai besoin de me sentir libre. Et cette liberté est difficile parce que chaque fois, dans une situation donnée, quand il faut décider quoi penser, quoi faire, on ne peut recourir qu'à sa tête, qu'à son cœur, et non à la ligne facile, toute prête, d'un parti ou d'un texte sacré.

Par instinct je me suis toujours tenu loin du pouvoir et je n'ai jamais courtisé ceux qui le détenaient. La puissance m'a toujours laissé de marbre. Si je suis jamais entré dans une salle où se prennent les décisions suprêmes, c'était avec un calepin pour prendre des notes, et toujours prêt à découvrir quelque chose de louche. Je ne dis pas ça pour me vanter, mais pour rassurer ceux qui pourraient penser, à la lecture de ce qui suit, que je fais partie d'un quelconque lobby, d'un quelconque complot, que j'ai un projet personnel ou que je défends les plans d'Untel ou d'Untel.

Je ne cherche à convaincre personne avec ces lettres. Je veux seulement faire entendre une voix, dire une autre part de vérité, ouvrir un débat afin que nous prenions tous conscience, que nous ne continuions pas à prétendre qu'il ne s'est rien passé, à faire semblant d'ignorer qu'à présent, en ce moment, des milliers de personnes en Afghanistan vivent dans la terreur d'être bombardées par les B-52, qu'à cet instant un prisonnier encapuchonné et enchaîné qu'on a transporté à vingt heures de vol de chez lui est « interrogé » sur un dernier coin de terre coloniale des États-Unis à Guantánamo, sur l'île de Cuba, pendant que les stratèges de notre coalition contre le terrorisme préparent d'autres attaques contre qui sait quels autres pays du monde.

Alors je dis : arrêtons-nous, réfléchissons, prenons conscience. Faisons chacun quelque chose et sauvons-nous tous.

Personne ne peut le faire à notre place.

T. T.

Dans l'Himalaya indien, janvier 2002

Lettre d'Orsigna
Une bonne occasion

Orsigna, le 14 septembre 2001

Le monde n'est plus celui que nous connaissions, notre vie a changé définitivement. C'est peut-être l'occasion de penser autrement que nous ne l'avons fait jusqu'à présent, l'occasion de réinventer notre avenir, de ne pas refaire le chemin qui nous a menés à aujourd'hui et pourrait demain nous conduire au néant. La survie de l'humanité n'a jamais été autant en jeu que maintenant.

Dans une guerre – et nous sommes en train d'y entrer – rien n'est plus dangereux que de sous-estimer son adversaire, d'ignorer sa logique et, afin de lui nier toute raison possible, de le qualifier de « fou ». Le Djihad islamique, ce réseau clandestin et international que dirige le cheik Oussama Ben Laden et qui, selon toute probabilité, est responsable de l'hallucinant attentat-provocation contre les États-Unis, est tout sauf un phénomène de « folie » et, si nous voulons trouver une issue au tunnel d'effarement où nous nous sentons pris, nous devons comprendre à qui nous avons affaire et pourquoi.

Aucun journaliste occidental n'a réussi à passer beaucoup de temps avec Ben Laden et à l'observer de près, mais certains ont pu l'approcher et écouter ses partisans. En 1995, j'ai passé deux demi-journées dans un des camps d'entraînement qu'il finançait à la frontière entre le Pakistan et l'Afghanistan. J'en suis sorti abasourdi et effrayé. Parmi les mollahs, durs et souriants, et tous ces jeunes au regard froid et dédaigneux, je m'étais senti un pestiféré, porteur d'un mal dont je ne m'étais jamais cru atteint. À leurs yeux, ma maladie était le simple fait d'être un Occidental, un représentant d'une civilisation décadente, matérialiste, exploiteuse, insensible aux valeurs universelles de l'islam.

J'avais eu physiquement la confirmation qu'avec la chute du mur de Berlin et la fin du communisme, la seule idéologie encore décidée à s'opposer à l'ordre nouveau, qui promettait la paix et la prospérité au monde globalisé sous la houlette de l'Amérique, était cette version fondamentaliste et militante de l'islam. J'en avais eu l'intuition pour la première fois en voyageant dans les républiques musulmanes d'Asie centrale ex-soviétique[3] ; je l'avais ressenti avec la même précision en rencontrant les combattants anti-indiens au Cachemire et en interviewant un de leurs chefs spirituels qui m'a accueilli en m'offrant en cadeau un exemplaire du Coran – mon premier – afin que j'y « apprenne quelque chose ».

En voyant et revoyant, stupéfié comme tout le monde, les images des avions qui s'écrasaient, faisant un carnage dans le centre de New York, de même que quelques jours plus

3. Sur ce sujet, voir Tiziano Terzani, *Buona notte, signor Lenin*, Longanesi, Milan, 1992.

tôt, en lisant que des attentats suicide palestiniens faisaient des victimes dans les rues d'Israël, je repensais à ces jeunes de diverses nationalités, mais à la foi unique et ferme, que j'avais vus dans le camp d'entraînement : c'étaient des habitants d'une autre planète, d'un autre temps, des gens qui « croient » comme nous avons su le faire par le passé et ne savons plus, des gens qui considèrent le sacrifice de leur vie pour une cause « juste » comme une chose « sainte ». Ces jeunes étaient d'une pâte que nous avons du mal à imaginer : endoctrinés, habitués à une vie plus que spartiate, rythmée par des obligations strictes d'exercices, d'étude et de prières, une vie de discipline, sans femmes avant le mariage, sans alcool, sans drogue.

Pour Ben Laden et ses partisans, les armes ne sont pas un métier, c'est une mission qui prend ses racines dans la foi acquise dans les écoles coraniques obtuses, mais surtout dans le sentiment profond d'échec et d'impuissance, dans l'humiliation d'une civilisation – la civilisation musulmane – autrefois grande et redoutée, qui se voit aujourd'hui de plus en plus marginalisée et offensée par l'énorme puissance et l'arrogance de l'Occident.

C'est un problème que d'autres civilisations ont dû affronter au cours des deux derniers siècles. Les Chinois ont éprouvé cette humiliation face aux « barbes rouges » des Anglais qui leur ont imposé le commerce de l'opium, les Japonais l'ont éprouvée devant les « bateaux noirs » de l'amiral américain Perry qui voulait ouvrir le Japon au commerce. La première réaction a été le désarroi. Comment leur civilisation, de loin supérieure à celle des étrangers envahisseurs, pouvait-elle être acculée et rendue aussi impuissante ? Les Chinois ont cherché une solution tout d'abord dans un retour à la tradition (la guerre des Boxers) ; celui-ci ayant échoué, ils ont pris la voie de la modernisation, d'abord à la soviétique, et maintenant à l'occidentale. Les Japonais, déjà à la fin du XIXe siècle, ont franchi le pas d'un seul coup, obsédés par l'imitation de tout ce qui était occidental, copiant les uniformes des armées européennes, l'architecture de nos gares et apprenant à danser la valse.

Ce problème de survivre face à l'Occident en conservant son identité s'est posé évidemment aux musulmans au cours du siècle passé, et pour eux aussi les réponses ont oscillé entre se réfugier dans la tradition, comme dans le cas du Yémen ou des Wahabis, et diverses formes d'occidentalisation : la plus hardie et la plus radicale a été celle de Kemal Atatürk en Turquie, qui dans les années 1920 a réécrit la constitution, supprimé le voile des femmes, remplacé la loi islamique par une copie du code civil suisse et une du code pénal italien, et a mis son pays sur la voie qui amène aujourd'hui Istanbul, malgré quelques secousses, à faire partie de l'Union européenne.

Pour les fondamentalistes, cette occidentalisation du monde islamique mérite l'anathème, et ce processus n'a jamais autant menacé leur identité. Selon eux, l'Occident a abattu ses cartes avec la fin de la guerre froide, et son projet – pour eux « diabolique » – apparaît de plus en plus clair : incorporer l'humanité tout entière dans un système global unique qui, grâce à la technologie, permet à l'Occident l'accès et le contrôle de toutes les ressources du monde, y compris celles que le Créateur a placées – et ce n'est pas un hasard d'après les fondamentalistes – dans les terres où est né et s'est étendu l'islam, du pétrole du Moyen-Orient au bois des forêts indonésiennes.

Ce phénomène de globalisation, ou plutôt d'américanisation, ne s'est révélé dans toute son ampleur que pendant les dix dernières années. Et c'est exactement en 1991 que Ben Laden, jusqu'alors un protégé des Américains (sa première mission en Afghanistan a été la construction pour la CIA des grands bunkers souterrains pour le stockage des armes destinées aux moudjahidin) se révolte contre Washington. Le stationnement de troupes américaines dans son pays, l'Arabie saoudite, pendant et après la guerre du Golfe, lui est apparu comme un affront intolérable et une violation de la sainteté des lieux sacrés de l'islam. La position d'Oussama Ben Laden est devenue claire en 1996 quand il a fait sa première déclaration de guerre contre les États-Unis : « Les murs de l'oppression et de l'humiliation ne peuvent être abattus que par une grêle de balles. » Personne ne l'a pris très au sérieux. Le manifeste de son organisation, Al-Qaida, rendu public en 1998 après une réunion des différents groupes associés à Ben Laden, était encore plus explicite : « Depuis sept ans les États-Unis occupent les terres de l'islam dans la péninsule arabique, pillant nos richesses, imposant leur volonté à nos dirigeants, terrorisant nos voisins et utilisant leurs bases militaires dans la péninsule pour combattre les peuples musulmans. » L'appel adressé à tous les musulmans était d'« affronter, combattre et tuer » les Américains. L'objectif déclaré de Ben Laden est la libération du Moyen-Orient. Celui dont il rêve au nom du passé héroïque est sans doute bien plus vaste.

Les premières attaques du djihad sont déclenchées contre les ambassades américaines en Afrique et provoquent des dizaines et des dizaines de morts. Washington riposte en bombardant les bases de Ben Laden en Afghanistan et un laboratoire pharmaceutique au Soudan, causant des centaines – d'autres disent des milliers – de victimes civiles (le bilan exact n'a jamais été établi car les États-Unis ont bloqué une enquête de l'ONU sur l'événement.)

La contre-riposte de Ben Laden à cette riposte vient d'arriver à New York et Washington. Faute de pouvoir frapper les pilotes des B-52 qui larguent leurs bombes depuis des hauteurs inaccessibles et faute de pouvoir atteindre les *marines* qui lancent leurs missiles depuis le large, la solution terroriste est d'attaquer des foules de civils sans défense. Les actes de ces hommes sont atroces, mais ils ne sont pas gratuits, ce sont des actes de guerre, une guerre qui n'est plus depuis longtemps celle des chevaliers, une guerre où le bombardement de populations sans armes était déjà un phénomène commun à tous les belligérants du dernier conflit mondial, des V2 allemands sur Londres aux bombes atomiques sur Hiroshima et Nagasaki avec leur bilan de plus de 200 000 morts, tous civils.

Depuis longtemps à présent des guerres non déclarées se livrent avec de nouveaux moyens et de nouvelles méthodes, loin du regard du monde qui a aujourd'hui l'illusion de voir et de comprendre tout parce qu'il assiste en direct à l'écroulement des tours jumelles.

Depuis 1983, les États-Unis ont bombardé au Moyen-Orient le Liban, la Libye, l'Iran et l'Irak. Selon des estimations américaines, l'embargo imposé par les États-Unis depuis 1991 à l'Irak de Saddam Hussein après la guerre du Golfe a fait environ un demi-million de morts, dont beaucoup d'enfants, en raison de la malnutrition. Cinquante mille morts par an représentent une hémorragie qui provoque en Irak et chez ceux qui s'identifient à ces victimes une colère semblable à celle que l'hécatombe de New York a provoquée en Amérique et, par voie de conséquence, en Europe. Il est important de comprendre qu'il existe un lien entre ces deux colères. Cela ne signifie pas confondre les victimes et les bourreaux, mais nous rendre compte que si nous voulons comprendre le monde où nous vivons, nous devons le voir dans son ensemble et pas seulement de notre point de vue.

On ne peut comprendre ce qui se passe rien qu'en entendant les déclarations des hommes politiques, contraints à répéter des formules rhétoriques, conditionnées pour réagir à l'ancienne à une situation totalement nouvelle et incapables de recourir à l'imagination pour suggérer par exemple que, au lieu de faire la guerre, c'est le moment de faire enfin la paix, à commencer par celle entre Israéliens et Palestiniens. Au lieu de quoi, ce sera la guerre.

Une étrange coalition se mobilise en ce moment à travers les automatismes des traités, comme le Pacte Atlantique, conçus dans un but et utilisés maintenant dans un autre, et à travers l'adhésion de pays comme la Chine, la Russie et peut-être même l'Inde, chacun poussé par ses intérêts strictement nationalistes. Pour la Chine, la guerre mondiale contre le terrorisme est une bonne occasion pour essayer de régler ses vieux problèmes avec les populations islamiques dans ses territoires frontaliers. Pour la Russie de Poutine, c'est une occasion de résoudre avant tout le problème de la Tchétchénie et de faire taire les accusations que suscitent les épouvantables violations des droits de l'homme par les troupes de Moscou dans ce pays. Il en est de même pour l'Inde et son éternel conflit pour le contrôle du Cachemire.

Le problème est qu'il sera extrêmement difficile de faire apparaître cette guerre comme une simple campagne contre le terrorisme et non comme une guerre contre l'islam. Curieusement, la coalition qui est en train de se former aujourd'hui ressemble beaucoup à celle que l'islam a dû combatte il y a déjà des siècles et sur deux fronts : à l'ouest les croisés, à l'est les tribus nomades de l'Asie centrale et les Mongols. En l'occurrence, les musulmans ont résisté et ont fini par convertir à l'islam une grande partie de leurs adversaires.

Ben Laden et ses partisans peuvent avoir fait un pari. Peut-être comptent-ils précisément sur des représailles du monde occidental pour durcir une résistance islamique massive et faire de celle qui est aujourd'hui minoritaire, bien que déterminée, un phénomène plus étendu. L'islam, par sa simplicité et son caractère militant inné, se prête bien au statut d'idéologie des damnés de la terre, de ces masses de pauvres, désespérées et marginalisées, qui se pressent dans le tiers-monde occidentalisé.

Plutôt que de supprimer les terroristes et ceux qui les ont soutenus (nous serons peut-être surpris de savoir combien de personnages, certains insoupçonnables, sont impliqués), il serait plus sage de supprimer les raisons qui poussent tant de gens, surtout parmi les jeunes, dans les rangs du djihad et qui leur font apparaître comme une mission le devoir de se tuer et de tuer. Si nous croyons vraiment au caractère sacré de la vie, nous devons accepter le caractère sacré de toutes les vies. Sommes-nous prêts au contraire à accepter les centaines, les milliers de morts – y compris les civils sans défense – qui seront victimes de nos représailles ? Suffira-t-il à nos consciences que ces morts nous soient présentés, dans le jargon des relations publiques des militaires américains, comme des « dommages collatéraux » ?

Le genre d'avenir qui nous attend dépend de ce que nous ferons, de comment nous réagirons à cette horrible provocation, de comment nous verrons notre histoire actuelle à l'échelle de celle de l'humanité. Tant que nous penserons avoir le monopole du « Bien », tant que nous parlerons de notre civilisation comme de *la* civilisation en ignorant les autres, nous ne serons pas sur la bonne voie.

L'islam est une grande religion inquiétante avec sa tradition d'atrocités et de crimes (comme beaucoup d'autres religions, du reste), mais c'est absurde de penser que n'importe quel cow-boy, fût-il armé de tous les pistolets du monde, puisse rayer cette foi de la surface de la terre. Il vaudrait mieux aider les musulmans eux-mêmes à isoler les franges fondamentalistes au lieu de les rendre plus virulentes, et à redécouvrir l'aspect le plus spirituel de leur religion.

L'islam est désormais partout. Il y a maintenant en Amérique même autant de musulmans que de juifs (six millions, en majorité afro-américains et ce n'est pas un hasard, attirés par le fait que l'islam est depuis l'origine au-dessus de la notion de race). Le territoire américain compte déjà 1 400 mosquées, dont une sur la base navale de Norfolk.

Nous ne devons plus nous laisser entraîner par des visions partielles de la réalité, nous ne devons pas devenir les otages de la rhétorique à laquelle recourent ceux qui sont à court d'idées pour remplir le silence par la frayeur. Le danger, c'est qu'à cause de ces dérives tragiques, horribles, nous ne finissions nous-mêmes, en tant qu'êtres humains, par être détournés de notre mission sur la terre. Les Américains l'ont décrite dans leur constitution comme « la poursuite du bonheur ». Bien : poursuivons tous ensemble ce bonheur, après l'avoir peut-être redéfini en termes pas seulement matériels et après nous être convaincus que nous autres Occidentaux ne pouvons pas poursuivre un bonheur *à nous* au détriment du bonheur des autres et que, tout comme la liberté, le bonheur est indivisible.

L'hécatombe de New York nous a donné l'occasion de repenser à tout et nous a placés devant de nouveaux choix. Le plus immédiat est d'ajouter ou d'ôter au fondamentalisme islamique ses raisons d'être, de transformer les danses des Palestiniens non pas en explosions de joie macabre pour la tragédie d'autrui, mais en manifestation de soulagement pour avoir recouvré leur dignité. Sinon, chaque bombe ou chaque missile qui tombera sur les populations du monde qui n'est pas le nôtre ne servira qu'à semer d'autres dents de dragon et à faire naître de nouveaux jeunes prêts à hurler «*Allah Akbar*», «Allah est grand», en précipitant un autre avion rempli d'innocents contre un gratte-ciel ou, demain, en larguant une bombe bactériologique ou une bombe atomique de poche dans un de nos supermarchés.

Nous ne commencerons à comprendre qui nous sommes et où nous sommes que si nous réussissons à voir l'univers comme un tout dont chaque partie en reflète la totalité et dont la grande beauté réside dans sa diversité. Faute de quoi nous serons comme la grenouille du proverbe chinois qui, au fond du puits, regarde en haut en croyant que ce qu'elle voit est le ciel tout entier. Il y a deux mille cinq cents ans un Indien, qualifié d'«illuminé», expliquait une évidence: que «la haine n'engendre que la haine» et que «la haine ne se combat que par l'amour». On l'a peu écouté. Le moment est peut-être venu.

Lettre de Florence
Le sultan et saint François

Florence, le 4 octobre 2001

Oriana,

De la fenêtre d'une maison peu éloignée de celle où tu es née toi aussi, je vois les lances austères et élégantes des cyprès contre le ciel et je pense à toi qui regardes de tes fenêtres à New York le panorama des gratte-ciel où manquent à présent les tours jumelles. Je repense à un après-midi, il y a bien des années, où nous avons fait une longue promenade ensemble sur les petites routes de nos collines argentées par les oliviers. J'abordais, en petit nouveau, la profession dans laquelle tu étais déjà une grande et tu m'as proposé d'échanger des « lettres de deux mondes différents » : moi de Chine, juste après Mao, où j'allais vivre, toi d'Amérique. Nous ne l'avons pas fait et par ma faute. Mais c'est au nom de ton offre généreuse de ce temps-là, et certainement pas pour t'entraîner dans une correspondance que nous voulons éviter tous les deux, que je me permets de t'écrire. Jamais je n'ai autant eu l'impression d'être dans un monde totalement différent du tien, bien que nous vivions sur la même planète.

Je t'écris aussi – et publiquement dans ce but – pour que les lecteurs qui ont peut-être été, comme moi, presque aussi épouvantés par tes invectives que par l'effondrement des deux tours, ne se sentent pas trop seuls. Des milliers de personnes mouraient là et avec elles notre sentiment de sécurité ; dans tes paroles on dirait que c'est le meilleur de l'esprit humain qui meurt, la raison ; le meilleur du cœur, la compassion.

Ton explosion m'a bouleversé, blessé, et m'a fait penser à Karl Kraus. « Que celui qui a quelque chose à dire s'avance et se taise », a-t-il écrit, désespéré par le fait que face à l'horreur indicible de la Première Guerre mondiale la langue des gens n'ait pas été paralysée. Au contraire, elle s'était déliée, provocant partout un bavardage absurde et brouillon. Se taire, pour Kraus, signifiait reprendre haleine, chercher les mots justes, réfléchir avant de s'exprimer. Lui a utilisé ce silence lucide pour écrire *Les Derniers Jours de l'humanité*[4], un texte qui paraît encore d'une inquiétante actualité.

Penser ce que tu penses et l'écrire, c'est ton droit. Le problème c'est que, grâce à ta notoriété, ta brillante leçon d'intolérance parvient maintenant dans les écoles, elle influence beaucoup de jeunes, et ça m'inquiète.

Nous vivons un moment d'une importance capitale. L'horreur indicible a à peine commencé, mais il est encore possible de l'arrêter en saisissant cette grande occasion de réflexion. C'est aussi un moment de responsabilité énorme car certaines paroles excessives, prononcées par

4. Karl Kraus, *Les Derniers Jours de l'humanité*, traduit de l'allemand par Jean-Louis Besson et Henri Christophe, Agone éditeur, Paris, 2000.

les langues déliées, ne servent qu'à réveiller nos instincts les plus bas, à exciter la bête haineuse qui sommeille en chacun de nous et à provoquer cette cécité des passions qui rend tous les crimes possibles, qui permet, à nous comme à nos ennemis, de se suicider et de tuer.

« Dominer les passions me semble de loin plus difficile que dominer le monde par la force des armes. J'ai encore un chemin difficile devant moi », écrivait en 1925 cette belle âme de Gandhi. Et il ajoutait : « Tant que l'homme ne se mettra pas de son plein gré à la dernière place parmi les autres créatures sur la terre, il n'y aura pas de salut pour lui. »

Et toi, Oriana, en te plaçant en tête de cette croisade contre tous ceux qui ne sont pas comme toi ou qui te sont antipathiques, crois-tu vraiment nous offrir le salut ? Le salut n'est pas dans ta violente colère, ni dans la campagne militaire préméditée et appelée « Liberté immuable », pour la rendre plus acceptable. À moins que tu ne penses sérieusement que la violence est le meilleur moyen pour vaincre la violence. Depuis que le monde est monde il n'y a pas encore eu de guerre qui ait mis fin à toutes les guerres. Celle-ci ne le fera pas non plus.

Ce qui nous arrive est nouveau. Le monde change autour de nous. Changeons alors notre façon de penser, notre façon d'être au monde. C'est une grande opportunité. Ne la manquons pas : remettons tout en question, imaginons-nous un avenir différent de celui que nous avions l'illusion d'avoir devant nous avant le 11 septembre et surtout considérons que rien n'est inéluctable, encore moins la guerre comme instrument de justice ou simplement de vengeance.

Les guerres sont toutes terribles. Les perfectionnements modernes des techniques de destruction et de mort les rendent de pire en pire. Réfléchissons bien : si nous sommes prêts à mener la guerre actuelle avec toutes les armes à notre disposition, y compris l'arme atomique, comme le propose le secrétaire américain à la Défense, alors nous devons nous attendre à ce que nos ennemis soient encore plus décidés qu'auparavant à faire de même, à agir sans règles, à ne respecter aucun principe. Si nous répondons à la violence de leur attaque contre les tours jumelles avec une violence encore plus terrible – d'abord en Afghanistan, puis en Irak, puis je ne sais où –, celle-ci sera suivie d'une violence encore plus horrible de leur part, puis d'une autre de la nôtre, et ainsi de suite.

Pourquoi ne pas s'arrêter avant ? Nous avons perdu la mesure de ce que nous sommes, le sens de la fragilité et des imbrications du monde où nous vivons, et nous nous imaginons pouvoir utiliser une certaine dose, peut-être « intelligente » de violence pour mettre fin à la terrible violence des autres. Changeons d'illusion et, pour commencer, demandons à ceux d'entre nous qui disposent d'armes nucléaires, d'armes chimiques et d'armes bactériologiques – États-Unis en tête – de s'engager solennellement devant l'humanité tout entière à ne jamais les utiliser en premier, au lieu de menacer en rappelant leur existence. Ce serait un premier pas dans une nouvelle direction. Non seulement cela donnerait à ceux qui le font un avantage moral – arme importante pour l'avenir –, mais en outre cela pourrait désamorcer l'horreur indicible causée par la réaction en chaîne de la vengeance.

J'ai repris ces jours-ci un très beau livre, paru il y a deux ans en Allemagne, écrit par un vieil ami. Le livre s'intitule *Die Kunst, nicht regiert zu werden : ethische Politik von*

Sokrates bis Mozart (L'art de ne pas être gouverné : la politique éthique de Socrate à Mozart). L'auteur est Ekkehart Krippendorff, qui a enseigné des années à Bologne avant de retourner à l'université de Berlin. La thèse séduisante de Krippendorff est que la politique, dans son expression la plus noble, naît du dépassement de la vengeance et que la culture occidentale trouve ses racines les plus profondes dans certains mythes, tels que celui de Caïn et celui des Érinyes, qui visent depuis toujours à rappeler à l'homme la nécessité de rompre le cercle vicieux de la vengeance pour donner naissance à la civilisation. Caïn tue son frère, mais Dieu empêche les hommes de venger Abel et, après avoir marqué Caïn – une marque qui est aussi une protection –, il le condamne à l'exil où celui-ci fonde la première cité[5]. La vengeance n'appartient pas aux hommes mais à Dieu.

Selon Krippendorff, le théâtre, d'Eschyle à Shakespeare, a eu une fonction déterminante dans la formation de l'homme occidental parce qu'en mettant en scène les protagonistes d'un conflit, chacun avec son point de vue, ses changements d'avis et ses possibilités de choix, il a servi à faire réfléchir sur le sens des passions et sur l'inutilité de la violence qui n'atteint jamais son but.

Malheureusement, de nos jours, nous autres Occidentaux sommes les seuls protagonistes sur scène et les seuls spectateurs, et c'est ainsi que, à travers nos télévisions et nos journaux, nous n'écoutons que nos raisons, nous n'éprouvons que notre douleur. Le monde des autres n'est jamais représenté.

Toi, Oriana, les kamikazes ne t'intéressent pas. Moi si, beaucoup. J'ai passé plusieurs jours au Sri Lanka avec des

5. Selon une légende afghane, cette cité serait Kaboul. *(N.d.A.)*

jeunes des Tigres tamouls, voués au suicide. Je m'intéresse aux jeunes Palestiniens du Hamas qui se font exploser dans les pizzerias israéliennes. Tu aurais toi-même ressenti un peu de pitié si au Japon, sur l'île de Kyushu, tu avais visité Chiran, le centre où étaient entraînés les premiers kamikazes, et si tu avais lu les mots, parfois poétiques et infiniment tristes, écrits en cachette avant de partir à regret mourir pour le drapeau et pour l'empereur.

Les kamikazes m'intéressent parce que je voudrais comprendre ce qui les rend prêts à cet acte contre nature qu'est le suicide et ce qui pourrait les arrêter. Ceux d'entre nous qui ont des enfants s'inquiètent énormément de les voir brûler dans la flambée de ce nouveau type envahissant de violence dont l'hécatombe des tours jumelles pourrait n'être qu'un épisode. Il ne s'agit ni de justifier ni de condamner, mais de comprendre. Comprendre, parce que je suis convaincu que le problème du terrorisme ne se résoudra pas en tuant les terroristes, mais en éliminant les raisons qui les rendent tels.

Rien dans l'histoire humaine n'est simple à expliquer, et il y a rarement une corrélation directe et précise entre un fait et un autre. Chaque événement, même dans notre vie, est le résultat de milliers de causes qui produisent, en même temps que cet événement, d'autres milliers d'effets qui à leur tour sont les causes d'autres milliers d'effets. L'attaque contre les tours jumelles est l'un de ces événements : le résultat de nombreux faits précédents et complexes. Ce n'est certainement pas un acte de « guerre de religion » commis par les extrémistes musulmans pour la conquête de nos âmes, une croisade à rebours, comme tu l'appelles, Oriana. Ce n'est pas non plus « une attaque contre la liberté et contre la démocratie occidentale », comme le voudrait la formule simpliste utilisée par les politiques.

Un vieux professeur de Berkeley University, peu suspect d'antiaméricanisme ou de sympathies gauchisantes, donne de cette affaire une interprétation tout à fait différente. « Les assassins-suicide du 11 septembre n'ont pas attaqué l'Amérique : ils ont attaqué la politique étrangère américaine », écrit Chalmers Johnson dans le numéro de *The Nation* paru en octobre. Pour lui, auteur de plusieurs ouvrages – le dernier, *Blowback* (« Contrecoup »), paru l'année dernière, a quelque chose de prophétique –, il s'agirait justement d'un énième « contrecoup » du fait que, malgré la fin de la guerre froide et l'effondrement de l'Union soviétique, les États-Unis ont gardé intact leur réseau impérial de près de 800 installations militaires dans le monde.

Avec une analyse qui du temps de la guerre froide serait passé pour le produit de la désinformation du KGB, Chalmers Johnson répertorie les manigances, les complots, les coups d'État, les persécutions, les assassinats et les interventions en faveur de régimes dictatoriaux et corrompus dans lesquels les États-Unis ont été impliqués ouvertement ou clandestinement en Amérique latine, en Afrique, en Asie et au Moyen-Orient depuis la fin de la Seconde Guerre mondiale.

Le « contrecoup » représenté par l'attaque des tours jumelles et du Pentagone relèverait de toute une série de faits de ce type : des faits qui vont du coup d'État inspiré par la CIA contre Mossadegh en 1953 et suivi de l'installation du Shah en Iran à la guerre du Golfe, avec la présence durable des troupes américaines dans la péninsule arabique, notamment en Arabie saoudite où se trouvent les lieux sacrés de l'islam. Selon Johnson, ce serait cette politique américaine qui a « convaincu tant de braves gens de l'ensemble du monde islamique que les États-Unis sont un ennemi implacable ». C'est ce qui expliquerait l'antiaméricanisme virulent du monde musulman, qui surprend tellement les États-Unis et leurs alliés.

Que l'analyse de Chalmers Johnson soit exacte ou pas, il est évident que le fond de tous les problèmes actuels des Américains et des nôtres au Moyen-Orient c'est, outre la question israélo-palestinienne, l'obsession de l'Occident de faire que les réserves pétrolifères de la région restent entre les mains de régimes « amis », quels qu'ils soient. C'est un piège. L'occasion se présente maintenant d'en sortir.

Pourquoi ne pas revoir notre dépendance économique vis-à-vis du pétrole ? Pourquoi ne pas étudier sérieusement, comme nous aurions pu le faire déjà depuis une vingtaine d'années, toutes les sources possibles d'énergies renouvelables ?

Nous nous éviterions ainsi d'être compromis dans le Golfe avec des régimes pas moins répressifs et odieux que celui des talibans ; nous nous épargnerions les « contrecoups » de plus en plus désastreux qui seront déclenchés par les opposants à ces régimes, et nous pourrions en tout cas contribuer à maintenir un meilleur équilibre écologique sur la planète. Nous sauverions peut-être aussi l'Alaska qui, il y a quelques mois, a été ouvert aux prospecteurs par le président Bush, dont la base politique – tout le monde le sait – se trouve parmi les pétroliers.

À propos de pétrole, Oriana, je suis sûr que tu auras remarqué toi aussi qu'avec tout ce qui se dit et s'écrit ces jours-ci sur l'Afghanistan on ne souligne guère que le grand intérêt pour ce pays est lié au fait qu'il est le passage obligé de tout transport des immenses ressources de méthane et de pétrole de l'Asie centrale (c'est-à-dire des républiques ex-soviétiques qui toutes, subitement, sont maintenant alliées des États-Unis) vers le Pakistan, l'Inde et de là vers les pays du Sud-Est asiatique. Le tout sans devoir passer par l'Iran. Personne n'a rappelé que, en 1997 encore, deux délégations des « horribles » talibans ont été reçues à Washington (et même au département d'État) pour traiter de cette affaire et qu'une grande compagnie pétrolière américaine, l'Unocal, conseillée par Henry Kissinger en personne, s'est engagée auprès du Turkménistan à construire cet oléoduc à travers l'Afghanistan. Il est donc possible que, derrière les discours sur la nécessité de protéger la liberté et la démocratie, l'attaque imminente contre l'Afghanistan cache d'autres considérations moins grandioses mais non moins déterminantes.

C'est pourquoi en Amérique quelques intellectuels commencent à craindre que la collusion des intérêts de l'industrie pétrolière et de ceux de l'industrie de l'armement – représentée de manière flagrante par le groupe au pouvoir à Washington – finisse par infléchir les choix politiques américains dans le monde et par réduire à l'intérieur du pays, en raison de l'urgence de l'antiterrorisme, les marges de ces extraordinaires libertés qui rendent l'Amérique si singulière.

Le fait qu'un journaliste de télévision américain ait été réprimandé de la tribune de la Maison Blanche pour s'être demandé si l'adjectif « lâches » utilisé par Bush était approprié pour parler des kamikazes, de même que la censure de certains programmes et l'éloignement de collaborateurs de journaux jugés non orthodoxes, a évidemment accru cette inquiétude.

Avoir divisé le monde à la façon – me semble-t-il – « talibane », entre « ceux qui sont avec nous et ceux qui sont contre nous », crée à l'évidence les conditions d'un climat de chasse aux sorcières dont l'Amérique a déjà souffert dans les années cinquante avec le maccarthysme, quand beaucoup d'intellectuels, fonctionnaires de l'État et professeurs, injustement accusés d'être communistes ou sympathisants, ont été persécutés, poursuivis en justice et, dans de très nombreux cas, privés de leur travail.

Tes attaques, Oriana – même à coup de crachats –, contre les « bavards » et les intellectuels « du doute » vont dans le même sens. Douter est une fonction essentielle de la pensée ; le doute est le fondement de notre culture. Vouloir ôter le doute de nos têtes, c'est vouloir ôter l'air de nos poumons. Je ne prétends pas du tout avoir des réponses claires et précises aux problèmes du monde (c'est pour ça que je ne suis pas un homme politique), mais je pense que c'est utile qu'on me laisse douter des réponses des autres et poser des questions honnêtes. En ces temps de guerre ce ne doit pas être un crime de parler de paix.

Malheureusement, ici aussi, chez nous, surtout dans le monde « officiel » de la politique et des médias, une course désespérante à l'orthodoxie a eu lieu. C'est comme si l'Amérique nous faisait déjà peur. On entend ainsi un post-communiste en attente d'une charge quelconque dans son parti dire à la télévision que le soldat Ryan est un symbole important de l'Amérique qui nous a sauvés par deux fois. Mais n'était-il pas lui aussi dans les manifestations contre la guerre américaine au Vietnam ?

C'est un moment difficile pour les politiques, je m'en rends compte. Je les comprends et je comprends encore mieux l'angoisse d'un homme comme Berlusconi qui, ayant pris le raccourci du pouvoir pour résoudre un petit conflit d'intérêts terrestres, se retrouve à présent aux prises avec un énorme conflit d'intérêts divins, une guerre de civilisations livrée au nom de Dieu et d'Allah. Non, je ne les envie pas, les politiques.

Nous avons de la chance, Oriana. Nous n'avons pas grand-chose à décider et, comme nous ne nous trouvons pas en plein milieu des flots du fleuve, nous avons le privilège de pouvoir rester sur la rive à regarder le courant. Mais ça nous impose aussi de grandes responsabilités telles que celle, pas facile, de chercher la vérité et de nous consacrer surtout « à créer des champs de compréhension, au lieu de champs de bataille », comme l'a écrit Edward Saïd, professeur d'origine palestinienne à Columbia University, dans un essai sur le rôle des intellectuels paru exactement une semaine avant les attentats en Amérique.

Notre métier consiste aussi à simplifier ce qui est compliqué. Mais on ne peut pas exagérer, Oriana, en présentant Arafat comme la quintessence de la duplicité et du terrorisme, et en désignant la communauté des immigrés musulmans chez nous comme le berceau des terroristes. Tes arguments vont être utilisés dans les écoles, mais crois-tu que les Occidentaux de demain, élevés dans ce simplisme intolérant, seront meilleurs ?

Ne vaudrait-il pas mieux qu'ils apprennent en cours de religion ce qu'est l'islam ? Qu'en littérature ils lisent aussi Roumi ou Omar Khayyam, que tu méprises ? Ne vaudrait-il pas mieux qu'il y en ait qui étudient l'arabe, en dehors de tous ceux, nombreux, qui étudient déjà l'anglais et peut-être le japonais ?

Une phrase de Toynbee me trotte dans la tête : « Les œuvres d'artistes et d'hommes de lettres ont une vie plus longue que les hauts faits de soldats, d'hommes d'État et de marchands. Les poètes et les philosophes vont plus loin que les historiens. Mais les saints et les prophètes valent davantage que tous les autres réunis. »

Où sont aujourd'hui les saints et les prophètes ? Sérieusement, il en faudrait au moins un ! Il nous faudrait un nouveau saint François. Il vivait aussi dans une époque de croisades, mais il s'intéressait aux « autres », à ceux contre lesquels combattaient les croisés. Il fit tout pour aller les voir. Il essaya une première fois, mais le bateau qui le transportait fit naufrage et il se sauva de justesse. Il essaya une deuxième fois, mais il tomba malade avant d'arriver et fit demi-tour. Finalement, au cours de la cinquième croisade, pendant le siège de Damiette en Égypte, attristé par le comportement des croisés (« j'ai vu le mal et le péché »), bouleversé par la vue des morts sur le champ de bataille, saint François franchit les lignes du front. Il fut capturé, enchaîné et amené en présence du sultan. Dommage qu'il n'y ait pas encore eu CNN – c'était en 1219 –, parce que ce serait très intéressant de revoir aujourd'hui le film de cette rencontre. Elle a dû être très particulière car, après une conversation qui s'est probablement prolongée tard dans la nuit, le sultan laissa saint François repartir le lendemain matin, sain et sauf, au camp des croisés.

Cela m'amuse de penser que chacun a exposé ses raisons à l'autre, que saint François a parlé du Christ, que le sultan a lu des passages du Coran, et qu'à la fin ils sont tombés d'accord sur le message que le pauvre d'Assise répétait partout: « Aime ton prochain comme toi-même. » Ça m'amuse aussi d'imaginer que, comme le frère savait aussi bien rire que prêcher, il n'y a pas eu d'agressivité entre les deux et qu'ils se sont quittés de bonne humeur en sachant que, de toute façon, ils ne pouvaient pas arrêter l'Histoire.

Mais aujourd'hui? Ne pas l'arrêter peut signifier y mettre fin. Tu te rappelles, Oriana, le père Balducci qui prêchait à Florence quand nous étions gamins? À propos de l'holocauste atomique il a posé une belle question: « Le syndrome de fin du monde, l'alternative entre être et ne pas être ont-ils rendu l'homme plus humain? » Si je regarde autour de moi la réponse me paraît devoir être « non ». Mais nous ne pouvons pas renoncer à l'espoir.

« Pouvez-vous me dire ce qui pousse l'homme à faire la guerre? » demandait Albert Einstein en 1932 dans une lettre à Sigmund Freud. « Est-il possible de diriger l'évolution psychologique de l'homme de sorte qu'il devienne plus capable de résister à la psychose de la haine et de la destruction? »

Freud mit deux mois pour lui répondre. La conclusion fut que l'on pouvait espérer: deux facteurs – une attitude plus civile et la crainte justifiée des effets d'une guerre future – allaient contribuer à mettre fin aux guerres dans un avenir proche.

La mort épargna juste à temps à Freud les horreurs de la Seconde Guerre mondiale. Mais elle ne les épargna pas à Einstein, qui fut de plus en plus persuadé de la nécessité du pacifisme. En 1955, peu avant de mourir, il adressa de sa petite maison de Princeton aux États-Unis où il avait trouvé refuge un dernier appel à l'humanité pour sa survie : « Rappelez-vous que vous êtes des hommes et oubliez tout le reste. »

Pour se défendre, Oriana, il n'est pas nécessaire d'offenser (je pense à tes crachats et à tes coups de pieds). Pour se protéger il n'est pas nécessaire de tuer. Et là encore il peut y avoir des exceptions justes. J'ai toujours aimé dans les *Jataka*, les histoires des vies de Bouddha, celle où même lui, symbole de la non-violence, tue dans une incarnation antérieure. Il voyage sur un bateau avec cinq cents autres personnes. Lui qui a déjà le pouvoir de prédiction « voit » qu'un des passagers, un brigand, est sur le point de tuer et de dépouiller tous les autres, et le devance en le jetant à l'eau. Le brigand se noie et les autres sont sauvés.

Être contre la peine de mort ne veut pas dire être contre la sanction en général et pour la liberté de tous les délinquants. Mais pour punir avec justice il faut respecter certaines règles qui sont le fruit de la civilisation, il faut la conviction de la raison, il faut des preuves. Les chefs nazis ont été traduits devant le tribunal de Nuremberg ; les chefs japonais responsables de toutes les atrocités commises en Asie ont été traduits devant le tribunal de Tokyo avant d'être, les uns et les autres, dûment pendus. Les preuves contre chacun d'eux étaient accablantes. Mais quelles sont celles contre Oussama Ben Laden ?

« Nous avons toutes les preuves contre Warren Anderson, président d'Union Carbide. Nous attendons que vous l'extradiez », écrit ces jours-ci d'Inde aux Américains, évidemment en manière de provocation, Arundhati Roy, l'auteur du *Dieu des petits riens*[6] : une femme comme toi,

6. Arundhati Roy, *Le Dieu des petits riens*, traduit de l'anglais par Claude Demanuelli, Gallimard, Paris, 2000.

Oriana, célèbre et contestée, aimée et détestée. Toujours prête, comme toi, à chercher la bagarre, Arundhati Roy s'est servie de la discussion mondiale à propos d'Oussama Ben Laden pour demander que soit traduit devant un tribunal indien le président américain d'Union Carbide, responsable de l'explosion dans l'usine de produits chimiques de Bhopal, en Inde, qui a fait seize mille morts en 1984. Un terroriste lui aussi ? Du point de vue de ces morts, peut-être que oui.

Le terroriste montré du doigt comme l'« ennemi » à abattre est un milliardaire saoudien qui, d'une tanière dans les montagnes d'Afghanistan, ordonne l'attaque des tours jumelles ; c'est l'ingénieur-pilote, islamiste fanatique, qui au nom d'Allah se tue et tue des milliers d'innocents ; c'est le jeune Palestinien qui avec un petit sac bourré de dynamite se fait exploser au milieu de la foule.

Nous devons pourtant accepter que pour d'autres le « terroriste » puisse être l'homme d'affaires qui arrive dans un pays pauvre du tiers-monde en portant non pas une bombe mais les plans pour la construction d'une usine de produits chimiques qui, en raison des risques d'explosion et de pollution, ne pourrait jamais être construite dans un pays riche du « Premier monde ». Et la centrale nucléaire qui provoque le cancer chez les gens qui habitent à proximité ? Et le barrage qui déplace des dizaines de milliers de familles ? Ou simplement la construction de multiples petites usines qui bétonnent des rizières séculaires et transforment des milliers de paysans en ouvriers pour la production de chaussures de sport ou de radios, jusqu'au jour où il est plus intéressant de faire exécuter ces travaux ailleurs et où les fabriques ferment, où les ouvriers se retrouvent sans travail et où, comme il n'y a plus de terres pour faire pousser le riz, la population meurt de faim ?

Ce n'est pas du relativisme. Je veux seulement dire que le terrorisme, comme mode d'utilisation de la violence, peut s'exprimer sous diverses formes, parfois même économiques, et qu'il sera difficile d'arriver à une définition commune de l'ennemi à vaincre.

Les gouvernements occidentaux sont aujourd'hui unis aux côtés des États-Unis ; ils prétendent savoir exactement qui sont les terroristes et comment les combattre. En revanche les citoyens des différents pays semblent bien moins convaincus. Il n'y a pas eu pour le moment en Europe de grandes manifestations pour la paix ; mais le sentiment de malaise est partout, de même que la confusion sur ce qu'il faut vouloir à la place de la guerre. « Donnez-nous quelque chose de plus joli que le capitalisme », disait la pancarte d'un manifestant en Allemagne. « Un monde juste n'est jamais NÉ[7] » lisait-on sur la banderole de jeunes qui marchaient il y a quelques jours à Bologne. Exact. Un monde « plus juste » est peut-être ce que nous tous, aujourd'hui plus que jamais, pouvons exiger. Un monde où celui qui possède beaucoup se soucie de celui qui n'a rien ; un monde régi par des principes de légalité et inspiré par un peu plus de moralité.

La grande alliance composite que Washington met sur pied en renversant d'anciennes formations et en se rapprochant de pays et de personnages qui avaient été mis au pilori, rien que parce qu'ils deviennent utiles, n'est que l'énième exemple du cynisme politique qui alimente aujourd'hui le terrorisme dans certaines régions du monde et décourage tant de braves gens dans nos pays.

---

7. En italien, NATO signifie aussi bien OTAN que « né ». *(N.d.T.)*

Les États-Unis, pour se couvrir du mieux possible et pour donner à la guerre contre le terrorisme un label de légalité internationale, ont impliqué les Nations unies, alors qu'ils demeurent le pays le plus réticent à payer sa quote-part au palais de verre, le pays qui n'a encore ratifié ni l'accord constitutif de la Cour internationale de Justice, ni le traité pour la mise au ban des mines antipersonnel, et encore moins celui de Kyoto sur le réchauffement de la planète.

L'intérêt national américain prime sur tout autre principe. C'est pourquoi Washington redécouvre l'utilité du Pakistan, d'abord tenu à distance pour son régime militaire et puni par des sanctions économiques à cause de ses expériences nucléaires ; c'est pourquoi la CIA sera bientôt autorisée de nouveau à engager des mafieux et des gangsters auxquels confier le « sale travail » de liquider çà et là dans le monde ceux que la CIA mettra elle-même sur la liste noire.

Pourtant la politique devra un jour rejoindre l'éthique si nous voulons vivre dans un monde meilleur : meilleur en Asie comme en Afrique, à Tombouctou comme à Florence.

À propos, Oriana, chaque fois que j'y passe, comme en ce moment, cette ville me fait mal et m'attriste moi aussi. Tout a changé, tout s'est dégradé. Mais ce n'est pas la faute de l'islam et des immigrés qui se sont installés là. Ce ne sont pas eux qui ont fait de Florence une ville boutiquière, prostituée au tourisme ! C'est arrivé partout. Florence était belle quand elle était plus petite et plus pauvre. À présent c'est une horreur, mais pas parce que les musulmans campent piazza del Duomo, que les Philippins se réunissent le jeudi piazza Santa Maria Novella et les Albanais tous les jours autour de la gare. C'est parce que Florence aussi s'est « globalisée », parce qu'elle n'a pas résisté à l'assaut de la force qui semblait irrésistible jusqu'à hier : la force du marché.

En deux ans, une belle rue du centre, la via Tornabuoni, où j'aimais me promener depuis l'enfance, a vu disparaître une librairie historique, un vieux bar, une pharmacie traditionnelle et un magasin de musique. Pour laisser la place à quoi ? À des boutiques de mode. Crois-moi, je ne m'y retrouve plus moi non plus. C'est pour ça que je vis, retraité moi aussi, dans une sorte de chalet dans l'Himalaya indien devant les montagnes les plus divines du monde. Je passe des heures seul, à les regarder, majestueuses et immobiles, symbole de la plus grande stabilité et pourtant perpétuellement différentes et changeantes elles aussi à mesure que passent les heures, comme toute chose dans l'univers. La nature est un grand maître, Oriana, et nous avons besoin de retourner de temps en temps prendre une leçon auprès d'elle. Retournes-y toi aussi. Enfermée dans la boîte d'un appartement dans la boîte d'un gratte-ciel, avec devant toi d'autres gratte-ciel pleins d'habitants en boîte, tu finiras par te sentir vraiment seule ; tu ressentiras ton existence comme un accident et non comme la partie d'un tout infiniment plus grand que toutes les tours que tu vois et que celles qui ne sont plus là. Regarde un brin d'herbe dans le vent et sens-toi comme lui. Même ta colère passera.

Je te salue, Oriana, et je te souhaite de tout cœur de trouver la paix. Car si elle n'est pas en nous, elle ne sera jamais nulle part.

Lettre de Peshawar
Au bazar des raconteurs d'histoires

Peshawar, le 27 octobre 2001

Je suis venu dans cette ville frontalière pour être plus près de la guerre, pour essayer de la voir de mes yeux, de me l'expliquer ; mais, comme si j'avais sauté dans la soupe pour savoir si elle était salée ou pas, j'ai l'impression de m'y noyer. Je me sens couler dans cet océan de folie humaine qui, avec cette guerre, semble ne plus avoir de limites. Les jours passent, mais je ne me débarrasse pas de l'angoisse : l'angoisse de prévoir ce qui va se passer et de ne pas pouvoir l'éviter, l'angoisse de représenter la civilisation la plus moderne, la plus riche et la plus sophistiquée du monde qui s'applique à bombarder le pays le plus primitif et le plus pauvre de la terre ; l'angoisse d'appartenir à la race la plus grasse et la plus repue qui va ajouter une douleur et une misère nouvelles au fardeau de désespoir déjà accablant des êtres les plus maigres et les plus affamés de la planète. Il y a dans tout ça, je trouve, quelque chose d'immoral, de sacrilège, mais aussi de stupide.

Trois semaines après le début des bombardements anglo-américains en Afghanistan, la situation mondiale est bien plus tendue et plus explosive qu'auparavant. Les rapports entre Israéliens et Palestiniens flambent, ceux entre le Pakistan et l'Inde sont au bord de la rupture ; le monde islamique tout entier s'agite et tous les régimes modérés de ce monde, de l'Égypte à l'Ouzbékistan, au Pakistan même, subissent la pression croissante des groupes fondamentalistes. Malgré les missiles, les bombes et les opérations ultrasecrètes de commandos que le Pentagone nous montre par petits bouts, comme pour nous faire croire que la guerre n'est qu'un jeu vidéo, les talibans sont encore solidement au pouvoir, la sympathie à leur égard grandit à l'intérieur de l'Afghanistan, tandis que notre sentiment de sécurité diminue dans tous les coins du monde.

« Tu es musulman ? me demande un jeune au bazar où je m'arrête pour manger du pain azyme.

— Non.

— Alors qu'est-ce que tu fais ici ? Nous allons bientôt vous tuer tous. »

On rit autour de moi. Je souris.

On l'appelle Kissa Qani, le bazar des raconteurs d'histoires. Il y a une vingtaine d'années encore, c'était un des derniers carrefours pittoresques de l'Asie, plein des marchandises et des personnages les plus variés. C'est à présent une espèce d'étouffoir où l'air est rendu irrespirable par les miasmes et les foules de plus en plus mal en point à cause des innombrables réfugiés et mendiants. Parmi les vieilles histoires qu'on y racontait il y avait celle d'Avitabile, un soldat napolitain aventurier arrivé là au milieu du XIXe siècle avec un ami de Modène et devenu gouverneur de la ville. Pour la tenir en main, chaque matin, à l'heure du petit déjeuner, il faisait pendre deux voleurs au minaret le plus haut de la mosquée, et depuis, on disait aux enfants de Peshawar : « Si tu n'es pas sage, je te donne à Avitabile. » Aujourd'hui toutes les histoires qui se racontent au bazar tournent autour de la guerre américaine.

Certaines, comme celle qui dit que l'attentat de New York et de Washington a été l'œuvre des services secrets de Tel Aviv – ce pour quoi aucun Israélien ne serait allé travailler dans les tours jumelles le 11 septembre – et celle selon laquelle l'anthrax expédié par la poste est une opération de la CIA pour préparer psychologiquement les Américains à bombarder Saddam Hussein, sont déjà vieilles, mais elles continuent à circuler et surtout à être crues. La dernière est que les Américains se seraient rendu compte qu'ils ne réussissent pas à soumettre l'Afghanistan par les bombes et qu'ils ont décidé de lancer des sacs pleins de dollars sur la population. « Chaque missile coûte deux millions de dollars. Ils en ont déjà tiré plus de cent. Imagine un peu : s'ils nous avaient donné tout cet argent, les talibans ne seraient plus au pouvoir », dit un vieux réfugié afghan, ex-commandant d'un groupe de moudjahidin antisoviétiques venu s'asseoir à côté de moi.

L'idée que les Américains sont pleins d'argent et prêts à se montrer généreux avec ceux qui sont disposés à se ranger de leur côté est très répandue. Quelques centaines de chefs religieux et de chefs de tribu de la communauté afghane en exil se sont réunis dans un grand amphithéâtre dans le centre de Peshawar pour discuter de l'avenir de l'Afghanistan « après les talibans ». Pendant des heures, de beaux barbus – excellents pour les premiers plans des télévisions occidentales – se sont succédé au micro pour parler de «paix» et d'«unité», mais il n'y avait aucune passion dans leur discours, aucune conviction. «Ils ne sont là que pour inscrire leur nom et essayer de recueillir des fonds américains», disait un vieil ami, un intellectuel pakistanais, d'origine pachtoune comme ces hommes. «Chacun regarde l'autre en se demandant: "Et toi, combien tu as déjà reçu?" Ce que les Américains oublient c'est notre vieux proverbe: un Afghan se loue, mais il ne s'achète pas.»

Pour les Américains, la réunion de Peshawar était le premier pas important vers ce qui, sur le papier, leur paraissait la solution politique idéale au problème afghan: faire revenir le roi Zahir Shah, installer à Kaboul un gouvernement où tous seraient représentés – peut-être même quelques chefs talibans modérés – et envoyer l'armée à la chasse des hommes d'Al-Qaida, évitant ainsi ce travail et ses risques aux soldats de la coalition. Mais les solutions sur le papier ne fonctionnent pas toujours sur le terrain, en particulier quand ce terrain est l'Afghanistan.

L'idée que le vieux roi exilé à Rome depuis trente ans puisse encore jouer un rôle dans l'avenir du pays est déjà une illusion de ceux qui croient pouvoir refaire le monde sur une carte, c'est une prétention des diplomates qui ne sortent pas de leur chambre climatisée. Il suffit de sortir parmi les gens pour se rendre compte que le vieux souverain ne jouit pas du prestige que lui attribuent les chancelleries occidentales – notamment l'italienne – et que le fait de ne s'être jamais montré, de n'avoir jamais visité un camp de réfugiés, est vu comme un signe d'indifférence devant la souffrance de son peuple. «Il aurait suffi qu'au temps de l'invasion soviétique il se fasse photographier un fusil à la main et qu'il tire en l'air. On le respecterait, dit mon ami, ... et en plus, il n'a jamais fait le pèlerinage de La Mecque, ce qui, par les temps qui courent, lui aurait donné un certain poids religieux. »

À part le roi, l'autre homme sur lequel les Américains comptaient dans leur jeu était Abdul Haq, un des plus prestigieux commandants de la résistance antisoviétique, resté en dehors de la guerre civile qui a suivi. « Il n'est pas ici. Il est allé en Afghanistan », disait-on pendant la conférence de Peshawar en faisant allusion à une « mission » qui allait être décisive pour l'avenir. L'idée évidente était qu'Abdul Haq, grâce à son prestige et à son grand ascendant sur les nombreux vieux moudjahidin alliés des talibans, détache du régime du mollah Omar quelques commandants régionaux et puisse marcher sur Kaboul à la tête de groupes pachtouns quand la capitale serait prise par l'Alliance du Nord, que les Pachtouns et les Pakistanais ne voulaient absolument pas voir au pouvoir.

La « mission » d'Abdul Haq n'a pas duré longtemps. Les talibans l'ont suivi dès qu'il est entré en Afghanistan, ils l'ont capturé au bout de quelques jours et l'ont condamné en quelques heures comme « traître » avec deux de ses partisans. Les Américains n'ont pas réussi à le sauver malgré leur équipement électronique et leurs super-hélicoptères.

Cette manœuvre américaine pour une solution politique supposait que le régime des talibans s'effrite, que les défections commencent sous la pression des bombes et qu'un vide politique se crée dans le pays. Mais rien de tout ça n'est arrivé. Au contraire. Tout indique que les talibans sont encore en place. Ils capturent des journalistes occidentaux qui s'aventurent au-delà de la frontière et, pour décourager d'autres tentatives, font savoir qu'ils n'ont plus de place ni de nourriture pour en enfermer d'autres. « Les diverses enquêtes sont en cours. Ils seront tous jugés selon la charia, la loi coranique », disent-ils comme le ferait n'importe quel État souverain. Les talibans passent des décrets, ils publient des communiqués pour démentir de fausses nouvelles et continuent à défier la superpuissance américaine en ne cédant pas de terrain et en promettant la mort aux Afghans qui se rangent du côté de l'ennemi.

Ce n'est pas tout. Le fait que les talibans soient attaqués par des étrangers fait que même ceux qui avaient peu ou pas de sympathie pour leur régime prennent à présent parti pour eux. « Quand un melon voit un autre melon, il en prend la couleur » disent les Pachtouns. Face aux étrangers, vus de nouveau comme des envahisseurs, les Afghans deviennent de plus en plus de la même couleur.

Pour les Américains, déjà sous une énorme pression internationale pour la stupidité de leurs bombes intelligentes qui continuent de tomber sur des populations sans défense et de nouveau sur les dépôts de la Croix-Rouge, la guerre aérienne s'est révélée, dans les premières semaines, une faillite complète ; la politique, un échec.

Ils avaient commencé la campagne afghane en disant vouloir Oussama Ben Laden « mort ou vif », et se sont vite contentés de vouloir capturer ou tuer le mollah Omar, chef des talibans, en espérant ébranler ainsi le régime. Ce qu'ils ont réussi à faire, outre des centaines de victimes civiles, c'est terroriser la population des villes déjà réduites à des décombres. Les Nations unies ont calculé que les bombes ont fait fuir 75 % des habitants de Kandahar, Kaboul et Jalalabad. Ce qui signifie qu'au moins un million et demi de personnes sont à présent sans toit, qu'elles errent dans les montagnes et s'ajoutent aux six millions qui, toujours selon les Nations unies, étaient déjà « à risque » avant le 11 septembre par manque de nourriture et de protection.

« Ce sont eux les innocents dont nous devons nous occuper », dit un fonctionnaire international. « Ceux qui n'ont rien à voir avec le terrorisme, ceux qui ne lisent pas les journaux, qui ne regardent pas CNN. Beaucoup ne savent même pas ce qui est arrivé aux tours jumelles. »

Ce qu'ils savent tous, en revanche, c'est que les bombes, les bombes qui jour et nuit détruisent, tuent et ébranlent le sol comme un tremblement de terre permanent, les bombes larguées par les avions d'argent qui pirouettent dans le ciel lapis-lazuli de l'Afghanistan sont des bombes anglaises et américaines, et cela concentre la haine des Pachtouns, des Afghans et plus généralement des musulmans contre les étrangers. Au fil des jours l'hostilité est de plus en plus visible sur les visages.

J'étais allé au bazar parce que je voulais voir combien participeraient à la manifestation pro-talibans qui se tient habituellement dans la vieille ville après la prière de midi, mais l'ami pachtoun m'avait prévenu que le nombre des manifestants ne veut plus rien dire. « Les durs ne défilent plus, ils s'enrôlent. Va dans les villages », m'avait-il dit.

Je l'ai fait, et durant un jour et une nuit, en compagnie de deux étudiants qui semblaient connaître tout et tout le monde dans cette région, j'ai eu un aperçu d'un monde dont la distance au nôtre n'est pas mesurable en kilomètres mais en siècles : un monde que nous devons comprendre à fond si nous voulons éviter la catastrophe qui s'annonce.

La région où je me suis rendu est à deux heures de voiture de Peshawar, à mi-chemin de la frontière afghano-pakistanaise. Pour les populations locales la frontière – celle-ci aussi établie sur une carte il y plus de cent ans par un fonctionnaire anglais – n'existe pas. De part et d'autre de cette division politique artificielle entre des montagnes identiques vit une population identique : les Pachtouns (dits aussi Pathans) qui sont une majorité en Afghanistan et une minorité au Pakistan. Les Pachtouns se sentent pachtouns avant d'être afghans ou pakistanais, et le rêve d'un Pachtounstan, un État qui rassemble tous les Pachtouns, ne s'est jamais complètement effacé. Les Pachtouns sont les guerriers redoutés de l'Afghanistan ; ce sont eux que les Anglais n'ont jamais réussi à vaincre. « Un Pachtoun aime davantage son fusil que son fils », disait-on. Les talibans sont pachtouns et les zones où tombent en ce moment les bombes américaines le sont aussi presque exclusivement. Alors que nous quittions Peshawar, un des deux étudiants me disait : « Mon père a toujours été un libéral et un modéré, mais après les bombardements il parle lui aussi comme un taliban et soutient qu'il n'y a pas d'alternative au djihad. »

La route traversait des plantations de canne à sucre. De grands slogans peints de frais se détachaient sur les murs blancs qui séparent les champs : « Le djihad est le devoir de la nation », « Un ami des Américains est un traître », « Le djihad durera jusqu'au jour du Jugement ». Le plus curieux était : « Le Prophète a ordonné le djihad contre l'Inde et l'Amérique ». Personne ici ne se demande si au temps du Prophète, il y a mille quatre cents ans, l'Inde et l'Amérique existaient déjà. Mais ce mélange d'ignorance et de foi, qui rend aveugle, est aussi celui qui devient explosif et qui crée, à travers la version la plus simpliste et la plus fondamentaliste de l'islam, cette dévotion pour la guerre et la mort, à laquelle nous avons décidé peut-être un peu trop à la légère de nous mesurer.

« Quand l'un des nôtres saute sur une mine ou est déchiqueté par une bombe, nous prenons les morceaux qui restent, les lambeaux de chair, les os brisés, nous mettons tout dans le tissu d'un turban et nous enterrons le paquet là, dans la terre. Nous, nous savons mourir, mais les Américains ? Les Anglais ? Ils savent mourir comme ça ? » Du fond de la pièce, un autre barbu qui se souvient qu'en me présentant je lui ai dit d'où je venais, ouvre un journal en ourdou et lit à voix haute une brève qui annonce que l'Italie aussi s'est proposée pour envoyer des navires et des soldats, et mon interlocuteur personnalise son défi : « ... Et vous alors, les Italiens, vous êtes prêts à mourir comme ça ? Pourquoi venez-vous, vous aussi, nous tuer et détruire nos mosquées ? Qu'est-ce que vous diriez si nous venions détruire vos églises, si nous venions raser votre Vatican ? » Nous sommes dans une espèce de dispensaire très rudimentaire dans un village à une dizaine de kilomètres de la frontière afghane. Sur les étagères poussiéreuses, des médicaments tout aussi poussiéreux ; au mur, un drapeau vert et noir avec au centre un soleil et l'inscription « djihad ». Une dizaine de jeunes hommes s'est réunie autour du « docteur » qui me parle ; certains sont des vétérans de la guerre, d'autres s'apprêtent à y aller. L'un d'eux revient tout juste du front et raconte les bombardements. Il dit que les Américains sont des lâches parce qu'ils tirent depuis le ciel, qu'ils fuient et n'osent pas combattre face à face. Il dit que le Pakistan empêche les réfugiés d'entrer dans le pays et que beaucoup de civils, blessés dans les bombardements de Jalalabad, meurent en ce moment de l'autre côté de la frontière faute des soins les plus élémentaires.

L'atmosphère est tendue. Ici, davantage encore qu'au bazar, tous sont absolument convaincus que ce qui est en cours est une grande conspiration, une croisade de l'Occident pour détruire l'islam, que l'Afghanistan n'est que le premier objectif et que la seule façon de résister est que tout le monde islamique réponde à l'appel à la guerre sainte. « Qu'ils viennent donc, les Américains, comme ça nous pourrons nous procurer de bonnes chaussures en les prenant sur les cadavres, dit l'un des jeunes. À vous, la guerre coûte très cher. À nous, rien. Vous ne vaincrez jamais l'islam. »

J'essaie d'expliquer que la guerre actuelle vise le terrorisme, pas l'islam, j'essaie de dire que l'objectif de la coalition internationale menée par les Américains n'est pas les Afghans, mais Oussama Ben Laden et les talibans qui le protègent. Je ne convaincs personne. « Je ne sais pas qui est Oussama, dit le "docteur". Je ne l'ai jamais rencontré, mais si Oussama est né à cause des injustices commises en Palestine et en Irak, sachez que les injustices commises aujourd'hui en Afghanistan feront naître beaucoup, beaucoup d'autres Oussama. »

J'en suis persuadé et j'en ai la preuve devant les yeux : le dispensaire est un centre de recrutement pour le djihad, le « docteur » est le chef d'un groupe de vingt jeunes qui partiront demain pour l'Afghanistan. Chacun emportera une arme, de la nourriture et de l'argent. Il y a des groupes semblables dans chaque village. Le « docteur » parle de quelques milliers de moudjahidin prêts à partir de cette région, officiellement pakistanaise, pour se battre aux côtés des talibans. L'instruction ? Le « docteur » dit que tous ont eu deux mois pour apprendre le maniement d'armes et les techniques de guérilla. Mais ce qui compte, c'est l'enseignement religieux reçu dans les nombreuses petites écoles coraniques, les madrasas, disséminées dans la campagne. On m'a emmené en visiter une. Désespérante.

Assis par terre devant des petites tables de bois, une cinquantaine de petits garçons – il y avait aussi quelques filles – de trois à dix ans, tous pâles, maigres et affaiblis, chantonnaient sans interruption, d'une voix monotone, les versets du Coran. Dans leur langue ? Non, en arabe, que personne ne connaît. « Mais ils savent que ceux qui parviennent à apprendre tout le Coran par cœur, eux et toute leur famille iront au paradis pendant sept générations ! » m'a expliqué le jeune barbu qui leur enseignait. Trente-cinq ans, marié, cinq enfants, malade du cœur, frère du chef de la mosquée locale, il disait que malgré son état de santé il allait se battre lui aussi. Il attendait seulement que les Américains descendent de leurs avions et se montrent au sol. « S'ils ne cessent pas de bombarder, nous formerons des petites équipes d'hommes qui iront poser des bombes et planter le drapeau de l'islam en Amérique. S'ils sont pris par le FBI, ils se suicideront », disait-il avec un sourire de possédé.

À part la mémorisation du Coran, les madrasas n'enseignent à peu près rien, mais pour les familles pauvres de la région cette éducation, aussi misérable soit-elle, est la seule possible. Le résultat ce sont les jeunes qui vont au djihad.

Partout où nous nous sommes arrêtés durant ces heures je n'ai entendu que des discours fanatiques, superstitieux, pleins de certitudes fondées sur l'ignorance. Et pourtant, en entendant parler ces gens-là, je me demandais dans quelle mesure nous aussi, bien que cultivés et gavés de connaissances, nous sommes pleins de prétendus savoirs, nous finissons nous aussi par croire aux mensonges qu'on nous raconte.

Sept semaines après les attentats en Amérique, les preuves qu'on nous avait promises sur la culpabilité d'Oussama Ben Laden, et par contrecoup des talibans, ne nous ont pas encore été apportées, mais cette culpabilité n'en est pas moins présentée comme certaine. Nous aussi nous nous laissons illusionner par les mots et nous avons vraiment cru que la première opération des forces spéciales américaines en Afghanistan visait à trouver le centre de commandement des talibans, sans penser que, comme dit mon ami, « ce centre n'existe pas ou c'est au maximum une hutte de torchis avec un tapis de prière et quelques pigeons voyageurs, maintenant que les talibans ne peuvent plus se servir de leurs radios, facilement interceptées par les Américains. »

Et le fanatisme de ces fondamentalistes n'est-il pas semblable à notre arrogance à croire que nous avons une solution à tout ? Leur foi aveugle en Allah n'est-elle pas l'égal de notre foi en la science, en la technique, en notre capacité de mettre la nature à notre service ?

C'est avec ces certitudes que nous allons aujourd'hui nous battre en Afghanistan avec les moyens les plus sophistiqués, les avions les plus invisibles, les missiles les plus astucieux et les bombes les plus mortelles pour nous venger d'un acte de guerre commis par quelqu'un armé seulement d'un cutter et de la ferme résolution de mourir.

Comment ne pas se rendre compte que pour combattre le terrorisme nous sommes venus tuer des innocents et exciter encore davantage une agressivité qui dormait ? Comment ne pas voir que nous avons fait un pas dans la mauvaise direction, que nous sommes entrés dans des sables mouvants et qu'à chaque nouveau pas nous ne ferons que nous éloigner de plus en plus de la terre ferme ?

Après la conversation avec les fanatiques du djihad, celle que j'ai eue avec moi-même a continué le reste de la nuit, que j'ai passée éveillé à éloigner les moustiques. Une société qui produit des jeunes aussi obtus et prêts à mourir n'est pas enviable, c'est certain. Mais la nôtre l'est-elle ? Et la société américaine qui à côté des pompiers héroïques de Manhattan produit aussi des individus comme le poseur de bombe d'Oklahoma City, comme ceux qui s'attaquent aux cliniques qui pratiquent l'avortement et peut-être aussi ceux qui – on le soupçonne de plus en plus – mettent de l'anthrax dans les enveloppes envoyées dans la moitié du monde ?

Celle que j'avais entr'aperçue était une société chargée de haine. Mais la nôtre l'est-elle moins qui, par vengeance ou peut-être en réalité pour mettre la main sur les réserves naturelles de l'Asie centrale, bombarde un pays que vingt ans de guerre ont déjà réduit à une immense ruine ? Se peut-il que pour protéger notre mode de vie il faille faire des millions de réfugiés, causer la mort de femmes et d'enfants ? Un expert en définitions veut-il bien m'expliquer la différence entre l'innocence d'un enfant mort dans le World Trade Center et celle d'un autre, mort sous nos bombes à Kaboul ?

La vérité c'est que les enfants de New York sont les « nôtres », tandis que ceux de Kaboul, comme les cent mille autres enfants afghans qui selon l'UNICEF mourront cet hiver si du ravitaillement n'arrive pas bientôt, sont « leurs » enfants. Et ces enfants-là ne nous intéressent plus. On ne peut pas tous les soirs, à l'heure du dîner, voir à la télévision un petit morveux afghan attendre qu'on lui donne du pain. On l'a déjà vu tant de fois ; le spectacle est usé. Nous nous sommes déjà habitués à cette guerre. La nouvelle a fait son temps et les journaux rappellent leurs correspondants, les télévisions réduisent leurs équipes, elles taillent dans les liaisons par satellite depuis les toits des hôtels cinq étoiles d'Islamabad. Le cirque va ailleurs, il cherche d'autres histoires, l'attention a trop duré.

Et pourtant l'Afghanistan nous poursuivra, parce qu'il est le révélateur de notre immoralité, de nos prétentions de civilisation, de notre incapacité à comprendre que la violence n'engendre que la violence et que seule une force de paix et non pas la force des armes peut résoudre le problème qui se pose à nous.

« Les guerres commencent dans l'esprit des hommes et c'est dans l'esprit des hommes qu'il faut construire la défense de la paix », dit le préambule de la constitution de l'UNESCO. Pourquoi ne pas essayer de chercher dans nos esprits une solution qui ne soit pas celle, brutale et banale, de davantage de bombes et davantage de morts ? Tout en essayant d'éloigner les moustiques, je me disais que nous avons développé une grande connaissance, mais précisément pas celle de notre esprit, et encore moins celle de notre conscience.

Heureusement, la nuit est courte. À cinq heures du matin la voix métallique d'un haut-parleur commence à psalmodier du haut d'un minaret voisin; d'autres répondent dans le lointain. Nous partons.

Dans le hall de l'hôtel où j'arrive pour le petit déjeuner, la télévision est déjà allumée. La première information, à l'aube, n'est plus la guerre en Afghanistan, mais l'annonce faite à Washington du «plus grand contrat de fournitures d'armes de l'histoire du monde». Le Pentagone a décidé de confier à Lockheed Martin la construction de la nouvelle génération d'avions de chasse hypersophistiqués: trois mille appareils pour une valeur de deux cents milliards de dollars. Les avions seront mis en service en 2012.

Pour bombarder qui? Je pense aux enfants de la madrasa qui en 2012 auront exactement vingt ans et je me rappelle une phrase du «docteur» obsédé: «Si les Américains veulent nous combattre pendant quatre ans nous sommes prêts, s'ils veulent le faire pendant quarante ans nous sommes prêts. Pendant quatre cents ans, nous sommes prêts.»

Et nous? C'est vraiment le moment de comprendre que l'histoire se répète et qu'à chaque fois le prix est plus élevé.

Lettre de Quetta
Le taliban et l'ordinateur

Quetta, le 14 novembre 2001

J'écris ces lignes dans une modeste auberge qui donne sur le grand bazar de la ville où une foule moyenâgeuse d'hommes barbus et enturbannés, enveloppés de la brume moderne et bleuâtre des gaz d'échappement des autobus et des motos, se mêle aux ânes, aux chevaux, aux charrettes et aux chariots. La frontière afghane est à une centaine de kilomètres et cette ville, tapie dans une vallée entre des montagnes gris rose, anguleuses et arides, est une des plages sur lesquelles se brisent les vagues de la guerre voisine en abandonnant les débris humains habituels du naufrage : orphelins, blessés, mendiants.

On ne peut pas faire deux pas sans être accosté par des mains décharnées et suppliantes, des regards vides de femmes derrière leur burqa. J'ai réussi à trouver une chambre ici parce que le « touriste » américain qui l'occupait est parti un matin pour l'Afghanistan et n'est pas revenu. La première version de sa disparition a été que les talibans l'avaient arrêté et pendu comme agent de la CIA. Une autre, qu'il a été tué dans un accrochage. Les talibans ont simplement dit que le corps était à l'hôpital de Kandahar à la disposition de qui voulait le récupérer. Personne n'y est allé et le patron de l'auberge a reloué la chambre. D'après lui, l'Américain se faisait appeler « major », il parlait deux langues locales et montrait à tout le monde de beaux paquets de dollars. Qui sait qui il était réellement et ce qui s'est passé ? Même dans une toute petite histoire comme celle-ci, il est devenu impossible d'établir les faits.

Les faits, parlons-en. Toute ma vie je leur ai couru après, convaincu que c'était là – dans les faits établis et certains – que je trouverais une quelconque vérité. À présent, à soixante-trois ans, devant cette guerre à peine commencée et avec le pressentiment inquiétant de ce qui va suivre, il me semble que les faits ne sont qu'une apparence et que la vérité qu'ils renferment est tout au plus une poupée russe : dès qu'on l'ouvre on en trouve une plus petite et encore une plus petite, et encore une plus petite jusqu'à ce qu'il ne reste qu'une graine minuscule.

Étourdis par les détails de tant de faits, nous perdons de plus en plus la vision de l'ensemble. À quoi bon être informés heure par heure sur la chute de Mazar-e-Charif et celle de Kaboul si elles nous sont présentées comme des « victoires » et si nous ne nous rendons pas compte qu'en tant qu'êtres humains nous subissons de terribles défaites : celle de recourir encore à la guerre pour résoudre des conflits et celle de refuser la non-violence, la plus grande preuve de force.

Selon un vieux dicton, dans toutes les guerres la vérité est la première à mourir. Dans celle-ci la vérité n'a même pas eu le temps de naître. Espions, informateurs, fanfarons et agitateurs pullulent de toutes parts, en particulier dans une ville frontalière comme celle-ci, mais leur rôle est devenu marginal. Ceux qui comptent vraiment dans cette guerre de mensonge sont les *spin doctors*, les experts de la communication, les préposés aux relations publiques. Ce sont eux qui estompent l'inutilité fondamentale de cette guerre et qui empêchent ainsi l'opinion publique internationale, notamment en Europe, de prendre une position morale et créative sur le sujet. Un groupe de ces savants illusionnistes vient d'arriver de Washington et de s'installer à Islamabad afin de « gérer » les centaines de journalistes étrangers qui se trouvent au Pakistan ; un super-expert du groupe restreint qui jusqu'à hier travaillait à la Maison Blanche est allé s'installer au 10 Downing Street pour aider Tony Blair dans son rôle de bonimenteur américain, comme si c'était lui le secrétaire d'État et pas Colin Powell.

La vérité de cette guerre paraît si indicible qu'elle a constamment besoin d'être mise dans un bel emballage, d'être « gérée », d'être l'objet d'une campagne astucieuse de marketing. Mais notre monde est devenu ainsi : la publicité a remplacé la littérature, les slogans nous frappent davantage désormais que la poésie et ses vers. L'unique façon de résister est de s'obstiner à penser avec sa tête et surtout à sentir avec son cœur.

Il y a deux semaines j'ai quitté Peshawar et, en compagnie des deux étudiants en médecine rencontrés par hasard, je me suis mis en route pour le Pakistan. Mon intention était de prendre la température de ce « pays des purs » (c'est ce que signifie le nom de « Pakistan »), né en 1947 en Inde de la partition de l'empire anglais pour donner une patrie aux musulmans, et qui est maintenant en première ligne dans un conflit dont l'un des nombreux enjeux est sa propre survie. Je voulais voir de près les conséquences de la guerre en Afghanistan dont les Américains continuent de dire que « ce n'est que la première phase », pour comprendre ce qui arrivera au reste du monde – notre monde à tous – quand cette guerre se déplacera vraisemblablement d'ici en Irak, en Somalie, au Soudan, peut-être en Syrie, au Liban et je ne sais où encore. Selon Washington, il y a plus de soixante pays où se cachent les terroristes, et ceux qui ne collaboreront pas avec les États-Unis pour les dénicher seront considérés comme des ennemis.

Se peut-il qu'en Europe si peu de voix se soient élevées contre cette rigidité quasi suicidaire de l'Amérique ? Se peut-il qu'après la vérité l'Europe ait été l'autre grande victime de cette guerre ?

Au cours de ce voyage, pour éviter le piège des parcours obligés, préparés par les bonimenteurs, et celui des hôtels de luxe, tous destinés à occuper la « presse internationale » avec les conférences de presse quotidiennes, les communiqués et les interprétations d'ex-ministres et de généraux à la retraite, nous avions décidé de rester à l'écart de tout ce qui est officiel et de suivre la logique du seul fil conducteur qui peut parfois être vraiment magique : le hasard. C'est ainsi que d'une rencontre à l'autre, avec l'aide des deux étudiants, j'ai fait des kilomètres dans tous les coins du pays, j'ai parlé avec des dizaines de personnes, j'ai assisté au plus grand rassemblement de musulmans du monde – si l'on exclut celui des pèlerins de La Mecque – et nous avons finalement eu droit à un mandat d'arrêt contre nous émanant du ministre de l'Intérieur du Balouchistan, qui a envoyé ses commandos nous repêcher dans la petite ville de Chaman, à la frontière afghane, où nous avions cru pouvoir passer la nuit sans nous faire remarquer.

Tout a commencé dans une maison de thé de ce centre fascinant du vieux Peshawar qu'est encore le bazar des raconteurs d'histoires. Assis près de nous sur la natte de paille usée et poussiéreuse où nous buvions des verres de kawa – une infusion de feuilles non fermentées dans des petites théières émaillées noircies par la saleté et les chocs, il y avait un homme dans les trente ans avec une barbe épaisse et un regard étrangement doux et ferme. Nous nous sommes regardés ; nous nous sommes parlé, tous les clients se sont vite mis en cercle pour suivre avec passion notre conversation et l'après-midi a passé comme un éclair. Je ne sais si tout ce que m'a raconté Abu Hanifah était vrai, mais d'après des contrôles effectués ensuite avec l'aide des deux étudiants, je pense que oui. Il disait être né « trente-cinq ou trente-sept » ans plus tôt dans la province de Ghazni en Afghanistan, il commandait deux cent cinquante talibans, s'était battu contre les Indiens au Cachemire, avait été rappelé en Afghanistan après le début des bombardements et était arrivé la veille au soir au Pakistan avec quelques-uns de ses hommes pour une mission. Je lui ai posé toutes les questions possibles sur les talibans et ses réponses étaient rapides, précises et politiquement informées comme en leur temps celles d'un commissaire politique chinois ou vietcong.

Il disait que les bombes et les missiles ne leur font pas peur (« les structures des Cruise servent déjà à faire des minarets »), que la guerre ne commencera pour de bon que lorsque les troupes américaines seront au sol et que les talibans ne pourront jamais être complètement éliminés de l'Afghanistan parce que « *taleb* signifie celui qui a étudié dans une madrasa et dans chaque famille afghane il y a maintenant quelqu'un comme moi». Il disait que même la mort éventuelle du mollah Omar, le chef des talibans, ne changera rien ; le conseil suprême des sages, la Choura, «est constitué de mille mollahs Omar et chacun d'eux peut lui succéder». Il disait que chaque ville, chaque village a une structure locale qui représente la Choura et que celle-ci restera en place et sera la véritable autorité pour la population même – si les talibans, dans certaines phases de la guerre, sont contraints de céder du terrain aux ennemis pour ensuite retourner à l'attaque. Il se faisait peut-être des illusions, mais il paraissait tout à fait convaincu.

Cet homme ne m'a pas donné l'impression d'être un fanatique ignorant imprégné de superstitions comme les jeunes du djihad que j'avais rencontrés dans les villages à l'extérieur de Peshawar. Ceux-là croyaient que les bombes américaines seraient arrêtées par des mains miraculeuses qui apparaîtraient au moment voulu dans le ciel. Ils étaient bornés, formés pour la haine. Lui non. Il savait que les armes des Américains sont «redoutables», mais il disait qu'en fin de compte l'arme la plus puissante est celle de la foi. Il était réfléchi, au courant de ce qui se passe dans le monde, lucide. Plus qu'un milicien, je voyais en lui un moine d'un ordre combattant, comme l'était peut-être chez nous celui des templiers.

J'ai demandé à Abu Hanifah comment il pouvait aller et venir au Pakistan, un pays d'abord très lié aux talibans mais à présent rangé contre eux aux côtés des États-Unis. Comment pouvait-il, lui qui était maintenant «l'ennemi» de la guerre contre le terrorisme, se trouver là, dans une ville pakistanaise, et prendre le thé avec moi au grand jour ? Il a ri, ainsi que tous ceux qui nous entouraient. La réalité est la suivante : en dépit du renversement officiel d'alliance et de la prise de position dramatique du général Moucharraf en faveur de Washington, le Pakistan reste au fond extrêmement ambivalent quant à la guerre. Le gouvernement d'Islamabad sait que les Pachtouns, ceux qui vivent en Afghanistan comme ceux qui vivent au Pakistan, se considèrent comme une seule nation : les dresser les uns contre les autres, c'est risquer une guerre civile sur deux mille kilomètres de frontière. Le risque grandira si l'Afghanistan se trouve pratiquement divisé en deux avec l'Alliance du Nord au pouvoir à Kaboul et dans les régions septentrionales, où n'habitent pas de Pachtouns, et les Pachtouns talibans dans le sud.

Islamabad sait que, malgré les épurations récentes voulues par Washington, l'appareil d'État pakistanais tout entier, notamment celui des forces armées et de l'espionnage, est plein d'éléments qui sont liés aux talibans à double titre : ils les ont engendrés, ils les ont tenus sur les fonts baptismaux et partagent leur idéologie et leur foi religieuse. Ce n'est sûrement pas un hasard si la nuit même où le général Moucharraf, sous la pression des Américains, a annoncé le limogeage du chef de ses services secrets, un incendie a détruit tous les dossiers concernant les talibans, les C.V. de leurs chefs, les cartes de leurs positions, de leurs cavernes. Si les Américains avaient mis la main sur ces documents, la chasse à Oussama Ben Laden et au mollah Omar aurait été beaucoup plus facile.

En outre, Moucharraf sait que la guerre américaine en Afghanistan a suscité une grande sympathie pour les talibans, que le mythe de Ben Laden, « héros des pauvres opprimés », « symbole de la révolte musulmane contre l'arrogance de la superpuissance infidèle », se répand dans les masses et qu'il pourrait à tout moment se retourner contre lui, décrit déjà par les fondamentalistes comme un *kaffir*, un infidèle, qui « mange des dollars américains ».

Le simple fait d'avoir défié les États-Unis élève Ben Laden au rang de héros populaire. Partout où je suis allé pendant ces deux semaines j'ai vu ses posters chez les marchands de journaux, son visage à l'arrière des bus et des rickshaws, sur les vitres des voitures particulières, accroché aux charrettes des vendeurs de glaces ambulants. Les cassettes de ses discours sont en vente dans tous les bazars. Jusque dans les cercles de la bourgeoisie la plus aisée, celle qui envoie ses enfants étudier en Amérique, qui a des liens économiques avec les États-Unis et soutient le président Moucharraf parce que « avec le pistolet américain sur la nuque il n'avait pas d'autre choix », j'ai entendu des commentaires anti américains haineux, inconcevables il y a encore quelques mois. « Maintenant il y a un petit Oussama en chacun de nous », m'expliquait sans aucune ironie une dame élégante et parée de bijoux de la bonne société de Lahore pendant un dîner.

C'est Abu Hanifah qui m'avait fait aller à Lahore. Il m'avait expliqué que sa « mission » au Pakistan était de participer à la réunion annuelle des tablighis jamat, et je l'ai donc suivi. Impressionnant. À trente kilomètres de Lahore, dans une plaine appelée Raiwind, pendant trois jours plus d'un million d'hommes (je n'ai pas vu une seule femme) venus de tout le Pakistan et de différentes parties du monde se sont retrouvés à l'ombre d'immenses vélums blancs ; ensemble, dans un nuage permanent de poussière jaune soulevée par le vent, ils ont prié cinq fois par jour, ils ont écouté les discours des anciens et ont réaffirmé ce lien incroyable de fraternité musulmane qui pour nous autres Occidentaux est parfois difficile à comprendre, habitués que nous sommes à penser de plus en plus à ce qui est « mien » et de moins en moins à ce qui est « nôtre ».

Les tablighis sont une étrange organisation disciplinée et puissante. Officiellement ce sont des missionnaires islamiques qui se consacrent non pas à la conversion des infidèles, mais à la rééducation spirituelle des musulmans « tombés sous l'influence du matérialisme occidental ». Les membres de l'organisation consacrent gratuitement quatre mois par an à cette œuvre de mission. Par petits groupes, sans jamais lire les journaux ni regarder la télévision pour ne pas être distraits, ils voyagent dans le pays, vivent dans les villages les plus reculés et réenseignent « la voie originelle d'Allah ». Ils se sont ainsi constitué un réseau étendu de contacts et ont maintenant une grande influence non seulement au Pakistan, mais aussi dans diverses régions du monde où ils sont présents. Le secret consiste à rester dans l'ombre. Les tablighis ne recherchent pas la publicité, ils ne veulent pas que l'on parle d'eux, n'acceptent d'être ni photographiés ni filmés, et leurs chefs n'accordent pas d'interviews.

Comme les tablighis affirment être pour la non-violence et ne pas vouloir faire de politique, on ne les confond pas avec les fondamentalistes des partis islamistes extrémistes qui manifestent contre le gouvernement et appuient ouvertement Oussama et les talibans. Toutefois, au bout de plusieurs heures dans cet immense rassemblement discipliné d'hommes portant tous une calotte blanche ou un turban et égrenant leur chapelet, il m'a paru évident qu'en dépit des différences apparentes il y a entre les tablighis, Oussama et les talibans une communauté d'intérêts et une solidarité implicite. Ce qui explique pourquoi, par extension, elle concerne chaque musulman partout dans le monde.

Oussama a tout d'abord un objectif politique : libérer les lieux sacrés de l'islam de la présence des infidèles et de la dynastie régnante, qu'il qualifie de « corrompue ». En d'autres termes, Oussama voudrait prendre le pouvoir en Arabie saoudite. Son second objectif est de ramener ce pays, dont les ressortissants ici au Pakistan par exemple sont appelés populairement « sexe et alcool », à une forme d'islam plus pure et plus spirituelle. Puisque les États-Unis sont à ses yeux les protecteurs du régime saoudien actuel et les corrupteurs du monde islamique en général, Oussama a déclaré son djihad.

Les tablighis n'ont rien à voir ou presque avec cet aspect politique de la question, mais tout, en revanche, avec l'aspect religieux. Eux aussi veulent retourner à un islam plus spirituel. Et là-dessus ils rejoignent totalement Oussama et les talibans. Mais il y a plus. Les tablighis, comme beaucoup d'autres musulmans qui ne sont pas des fanatiques et des extrémistes de l'univers islamique, ont une aspiration plus large et plus existentielle : celle de mener simplement une existence différente de la nôtre, de vivre selon d'autres principes, de rester en dehors des mécanismes internationaux qui pour eux sont dominés par des lois et des valeurs issues d'un moule exclusivement occidental.

Dans les conversations que j'ai eues durant ces deux semaines avec de nombreux musulmans de différentes catégories au Pakistan, j'ai remarqué une référence continuelle à une sorte de violence dont beaucoup disent se sentir victimes. La cause ? La confrontation avec l'Occident.

À tort ou à raison, beaucoup perçoivent la globalisation comme un instrument de notre «civilisation athée et matérialiste» qui, justement à travers l'expansion des marchés, devient de plus en plus riche et plus forte au détriment de leur monde. Avec une certaine paranoïa, même les musulmans les plus cultivés de ce pays voient dans chaque geste de l'Occident, y compris dans l'attribution du prix Nobel de littérature à V. S. Naipaul, une attaque contre l'islam.

D'où la réaction de défense et le recours à l'islam comme à un refuge. La religion devient l'arme idéologique contre la modernité, assimilée à l'occidentalisation. C'est pourquoi même les modérés comme les tablighis, sans vouloir le djihad, finissent par sympathiser avec les talibans et avec Oussama plutôt qu'avec l'Occident.

Nous nous trouvons devant un problème qui ne se résout pas par les bombes, ni en courant le monde pour renverser des régimes qui ne nous plaisent pas et les remplacer par de vieux rois en exil ou par des coalitions de convenance montées dans quelque lointaine capitale. Oussama peut être délogé de l'Afghanistan, les talibans peuvent être vaincus et réduits à une force cachée dans les montagnes pour alimenter une nouvelle guérilla, mais le problème de fond demeure. Les bombes ne font que le rendre plus dangereux.

Cela peut nous paraître bizarre, mais de plus en plus de gens aujourd'hui dans le monde n'aspirent pas à être comme nous, ils ne poursuivent pas nos rêves, ils ne partagent ni nos attentes ni nos désirs. Un marchand de tissu de soixante ans, rencontré au rassemblement des missionnaires tablighis, me l'a dit avec beaucoup de simplicité: «Nous ne voulons pas vivre comme vous, nous ne voulons pas voir votre télévision et vos films. Nous ne voulons pas votre liberté. Nous voulons que notre société soit régie par la charia, la loi coranique, que notre économie ne soit pas déterminée par la loi du profit. Quand, à la fin d'une journée, j'ai vendu suffisamment pour subvenir à mes besoins, le prochain client qui se présente, je l'envoie acheter chez mon voisin qui, lui, n'a rien vendu », m'a-t-il dit. J'ai regardé autour de moi. Et si toute cette énorme masse d'hommes – il paraît que le dernier jour du rassemblement, ils étaient un million et demi – pensait vraiment comme lui ?

J'étais curieux. Dans la foule, j'avais perdu la trace d'Abu Hanifah et j'ai demandé à ce commerçant si je pouvais aller le voir chez lui. Il m'a donné son adresse. Il venait de Chaman, une petite ville sur la frontière exactement à mi-chemin entre Quetta, capitale du Balouchistan pakistanais, et Kandahar, centre spirituel du mollah Omar en Afghanistan. Chaman est pratiquement fermée aux étrangers et on ne peut s'y rendre qu'en convoi escorté par la police, avec une autorisation spéciale délivrée à Quetta. C'est ainsi que j'ai abouti dans cette auberge.

En faisant un premier tour de reconnaissance pour m'orienter, j'ai découvert que j'étais près de l'hôpital de la ville où arrivent chaque jour les civils blessés dans les bombardements américains sur Kandahar. C'est là que j'ai connu « Abdul Wasey, dix ans, afghan, victime d'un missile Cruise, fracture de la jambe », comme dit une pancarte écrite à la main et fixée au mur écaillé derrière son lit sale et poussiéreux. Il est très pâle et maigre comme un clou. Une brique attachée avec une ficelle à son talon pend du bout du lit pour immobiliser sa jambe plâtrée. L'autre, qui n'a que la peau sur les os, ressemble à un manche à balai.

Abdul jouait au cricket dans un pré avec ses copains quand ils ont été touchés. Les sept autres sont morts. Son père l'a amené ici avec un de ses frères, quatorze ans, qui lui tient compagnie en ce moment. Lui est reparti en Afghanistan. L'hôpital est plein. Chaque lit représente une histoire, mais j'ai senti que ma curiosité était mal venue. Et puis à quoi bon en savoir davantage ? Les missiles Cruise ont tué les copains d'Abdul, lui ont brisé la jambe et sont tombés sur tous les malheureux qui gisent immobiles et muets dans la saleté de cet hôpital de province où ils sont arrivés pleins d'espoir après un jour de voyage. Qu'importe s'ils sont tombés là et pas ailleurs à cause d'une « erreur d'ordinateur » ? Nous devrions tout simplement cesser de produire ces missiles.

Le convoi pour Chaman part de Quetta le matin à dix heures, quand il part. L'idée est d'emmener au poste frontière un petit groupe de journalistes autorisés, de les laisser rester deux heures maximum et de les ramener à Quetta. Les Pakistanais ne souhaitent pas rendre publics les nombreux trafics qui se pratiquent à cette frontière et il paraît qu'ils encouragent les gamins des camps de réfugiés à attaquer les visiteurs à coups de pierres pour les éloigner. Je déteste ce genre de visites guidées, et dès que j'ai mis le pied à Chaman je me suis défilé avec les deux étudiants. La population était hostile et nous n'avons pas réussi à atteindre la maison de notre marchand de tissu. Nous avons été sauvés par une des petites ambulances d'Abdul Saddar Edhi – le « saint » de Karachi –, qui passent la frontière pour ramasser les blessés. L'après-midi, je suis arrivé à rencontrer une délégation de talibans à qui j'ai remis une demande d'autorisation pour visiter Kandahar le lendemain, mais je n'ai pas pu passer la nuit à Chaman. La police nous a trouvés et, après quelques coups de pieds à mes étudiants de son côté et un peu de diplomatie du mien, nous avons été relâchés.

Là encore le hasard nous a aidés. Tandis que nous retournions à Quetta, suivis par une Jeep chargée de commandos, nous avons crevé juste au sommet du col de Khojak, ce qui m'a permis une pause d'une dizaine de minutes avec une vision grandiose, inoubliable, de l'Afghanistan et de l'absurdité de ce que l'Occident, Amérique en tête, cherche à y faire. Le soleil venait juste de se coucher et un croissant de lune transparent commençait à s'argenter dans un ciel pastel au-dessus d'une étendue de montagnes. Tantôt roses, tantôt violettes ou ocres, arides et pourtant vivantes, elles étaient comme les vagues d'un océan figé depuis l'éternité. Sur une hauteur proche, une dizaine de camionneurs avaient étendu leur tapis de prière dans la poussière et se découpaient en noir sur cette immensité, s'inclinant rythmiquement vers l'ouest, sachant que des millions d'autres musulmans faisaient les mêmes gestes au même moment dans la même direction, avec la même pensée vers le même dieu indescriptible qui les unit tous dans une communion qui désormais nous échappe.

Je repensais à mon dernier dimanche à Florence, après le 11 septembre, quand j'ai fait le tour des églises juste pour entendre ce qui s'y disait. Rien. J'ai été très déçu. De San Miniato à Santo Spirito et Santa Maria Novella tous les prêtres lisaient le même passage de l'Évangile, tous tenaient le même discours vague, sans une seule référence à la vie d'aujourd'hui, aux problèmes et aux angoisses des gens devant ce qui se passe dans le monde. Ici au Pakistan les mosquées tonnent, elles délirent parfois, mais elles servent de lien entre les fidèles et leur apportent une chose, même erronée, à laquelle penser et se consacrer. Chez nous, l'Église préfère se taire plutôt que de rompre les rangs de l'orthodoxie politique et faire entendre avec fermeté une voix de paix.

Je regardais la succession infinie des montagnes s'obscurcir rapidement et je me demandais comment les Américains pourraient trouver dans ce labyrinthe lunaire la caverne où se cache Oussama Ben Laden. On dit qu'il y en a au moins 8 000, chacune avec des souterrains longs parfois de plusieurs kilomètres, avec plusieurs entrées, plusieurs niveaux. Et même s'ils le trouvent ? La guerre telle qu'elle a été annoncée ne finira pas ici.

Vue de ce col dans les montagnes d'Asie, l'Europe me paraissait très lointaine, tout comme, j'en suis sûr, ce qui se passe ici paraît lointain pour l'Europe. Et pourtant ce n'est pas vrai. Ce qui arrive en Afghanistan est tout proche, ça nous regarde. Pas seulement parce que la chute de Kaboul ne résout pas les problèmes de l'Afghanistan, mais parce que l'Afghanistan « n'est que la première phase ». L'Irak, la Somalie, le Soudan sont beaucoup plus près.

Que ferons-nous quand Bush voudra aller bombarder ces pays ? Avons-nous tenu compte des musulmans qui vivent parmi nous et qui peuvent actuellement se montrer indifférents à la guerre en Afghanistan, mais qui le seront peut-être moins quand leurs maisons seront bombardées ? Voulons-nous participer nous aussi aux tueries dans le style israélien de tous ceux que la CIA décidera de mettre sur sa liste noire ?

Il serait bien plus sage – me semble-t-il – que l'Europe exprime son désaccord, qu'elle parle d'une seule voix et qu'en véritable alliée amie elle aide l'Amérique à se tirer du piège afghan au lieu de laisser ses divers gouvernements jouer individuellement leur rôle de « satellites ».

Il y a quelques jours un journal en ourdou expliquait avec des arguments convaincants que les différents pays qui encouragent d'une manière ou d'une autre les Américains à s'engager en Afghanistan le font en réalité dans l'espoir qu'ils s'y embourbent et que leur crédibilité de grande puissance soit mise en question. L'Iran, la Chine, la Russie et à la limite le Pakistan ont de bons motifs de ressentiment contre les États-Unis et sont très inquiets de cette nouvelle présence américaine au cœur de l'Asie centrale. L'Europe n'est nullement dans cette position.

En même temps, l'Europe ne peut pas être indifférente à la possibilité que, derrière le paravent de cette guerre internationale contre le terrorisme, les États-Unis poursuivent un projet national pour la mise en œuvre d'un nouvel ordre mondial qui serve leur intérêt exclusif.

Le groupe actuellement au pouvoir à Washington, formé en majorité de vétérans de la guerre froide, avec à sa tête le secrétaire à la Défense Rumsfeld, laisse penser que cette tentation peut être réelle. C'est ce groupe, lié entre autres aux intérêts de l'industrie de l'armement, qui conteste depuis toujours les traités de limitation des armements et qui en demande aujourd'hui l'abrogation ; c'est lui qui a défendu la nécessité de la supériorité nucléaire américaine et qui a déclaré dans le passé que les armes nucléaires sont faites pour qu'on s'en serve et pas pour rester enfermées définitivement dans les silos.

Avec la fin de la guerre froide et la disparition d'une menace réelle, cette Amérique a vu avec inquiétude se réduire les dépenses militaires et a tout fait pour trouver un nouvel ennemi qui justifie la mise au rebut de l'ancien armement et la production de nouveaux systèmes « intelligents » pour le champ de bataille technologique du XXIe siècle. Un premier candidat pour ce rôle d'« ennemi » a été la Corée du Nord, jusqu'à ce qu'on découvre que le pays mourait littéralement de faim et qu'il était très improbable qu'il commence à défier la puissance américaine. Ç'a été ensuite le tour de la Chine, mais c'était finalement difficile de soutenir que Pékin puisse menacer autre chose que Taiwan, attendu qu'il ne possède même pas encore un bombardier à grand rayon d'action. C'est alors que l'a emporté l'hypothèse de l'islam, « ennemi » contre lequel se défendre dans le « choc de civilisations » fraîchement inventé.

Le massacre du 11 septembre a rendu cet ennemi extrêmement crédible et a permis à l'Amérique de lancer une politique inacceptable autrement. L'ennemi est maintenant identifié comme étant les « terroristes » et la diabolisation de ceux que Washington définit comme tels a commencé. Les premiers à en faire les frais ont été les talibans ex-moudjahidin et Oussama Ben Laden, eux-mêmes créés par l'Amérique, il ne faut pas l'oublier, lorsque celle-ci avait besoin d'eux pour combattre l'Union soviétique.

L'Europe ne peut pas suivre les États-Unis sur cette voie sans prendre un temps de réflexion. Elle doit remonter à sa propre histoire, à sa propre expérience de diversité afin de trouver la force pour un dialogue et non pour un choc de civilisations.

La grandeur des cultures est aussi dans leur perméabilité. Il suffit de ne pas s'aborder à coups d'avions chargés de civils innocents et de bombes larguées, même par erreur, sur ceux qui ne sont responsables de rien.

Même des fondamentalistes islamistes comme les talibans peuvent changer à leur façon. S'ils avaient été reconnus comme le gouvernement légitime de l'Afghanistan en 1996 lorsqu'ils ont pris le pouvoir, les bouddhas de Bamiyan seraient peut-être encore à leur place et on n'aurait peut-être pas déroulé le tapis rouge à Oussama Ben Laden. Les talibans aussi vivent dans le monde et doivent s'y adapter à leur manière.

Quand je suis allé au consulat afghan de Quetta demander mon visa pour Kandahar, le diplomate taliban qui m'a reçu avait sur son bureau un bel ordinateur récent. Peut-être regardait-il sur Internet les dernières nouvelles de son pays pour deviner combien de temps encore il resterait à son poste à présent que Kaboul était tombé.

En retournant à l'auberge, je m'arrête à l'hôpital pour dire bonjour à Abdul Wasey. Le couloir est rempli d'Afghans tout juste arrivés avec de nouveaux blessés. Dans le lit à côté de celui d'Abdul est maintenant couché un homme d'une cinquantaine d'années, le ventre déchiré par un éclat d'obus. Il me voit entrer et donner à Abdul deux choses que je lui ai apportées. Il reprend son souffle avec peine et hurle : « Tu viens d'abord nous bombarder et ensuite tu nous apportes des biscuits. C'est honteux. »

Je ne sais pas quoi faire. Je cherche des justifications, quelque chose à dire. Je pense ensuite aux soldats français, allemands et italiens qui se joindront bientôt à cette guerre et je me rends compte que, à la fin d'une vie où j'ai toujours vu des morts et des blessés dûs à d'autres, il me faudra voir, dans cet hôpital ou ailleurs, les victimes de mes bombes, de mes balles. Et j'ai vraiment honte.

Lettre de Kaboul
Le vendeur de pommes de terre et la cage aux loups

Kaboul, le 19 décembre 2001

La vue est splendide. La plus belle qu'on puisse imaginer. Je me réveille tous les matins dans un sac de couchage étendu sur le ciment et quelques carreaux en plastique d'une grande chambre vide au dernier étage du plus haut édifice du centre-ville et mes yeux se remplissent de tout ce dont un voyageur venu ici a toujours rêvé : la couronne mythique des montagnes dont un empereur comme Babur, souche des Moghols, a gardé toute sa vie la nostalgie après l'avoir vue une fois et a voulu y être enterré ; la vallée parcourue par le fleuve ; sur ses rives a grandi la ville dont un poète a écrit, en jouant sur les deux syllabes du nom Kaboul en persan : « Ma maison ? La voici : une goutte de rosée entre les pétales d'une rose » ; le vieux bazar des Quatre Arcades où on trouvait, disait-on, tous les fruits de la terre et de l'artisanat ; la mosquée de Pul-e-Khishti ; le mausolée de Timur Shah ; le sanctuaire du Roi des Deux Épées construit en l'honneur du premier commandant musulman qui, au VIIe siècle après J.-C., et bien qu'il ait eu la tête tranchée par une épée, a continué – selon la légende – à se battre avec une arme dans chaque main; il était décidé à imposer l'islam, une religion nouvelle et agressive qui venait de naître en Arabie, à une population heureuse d'être hindoue et bouddhiste depuis plus d'un millénaire; et enfin, haute, imposante sur la crête de la première rangée de cols, juste en face de mes fenêtres, la forteresse de Bala Hissar. Tous les vainqueurs de l'histoire afghane ont régné dans sa résidence, et dans ses prisons ont langui, ou ont été égorgés, tous les perdants.

La vue est superbe, mais depuis que je suis arrivé il y a plus de deux semaines, avec en poche une lettre de recommandation pour un vieil intellectuel, dans mon sac de voyage une petite bibliothèque de livres-compagnons-de-voyage et dans la poitrine un mélange confus de colère et d'espoir, cette vue ne m'apporte pas la paix. Je n'arrive pas à en profiter parce que jamais, avant de regarder par ces fenêtres poussiéreuses, je n'avais ressenti, parfois comme une douleur presque physique, la folie du destin auquel l'homme semble s'être voué par choix: il construit d'une main et détruit de l'autre; avec son imagination il crée de grandes merveilles, puis avec un raffinement et une passion identiques il fait le vide autour de lui et massacre ses semblables.

Cet homme devra tôt ou tard changer de route et renoncer à la violence. Le message est clair. Il suffit de regarder Kaboul. De tout ce que racontent mes livres, il ne reste que les débris: la forteresse est une ruine, le fleuve une rigole fétide d'excréments et d'ordures, le bazar une étendue de tentes, de baraques et de containers; les mausolées, les coupoles, les temples sont éventrés; de la vieille ville aux maisons de bois marqueté et de glaise il ne reste, parfois sur des centaines et des centaines de mètres, que des débris ocre pathétiques, comme à la frange des vagues les tours des châteaux de sable construits par les enfants et aussitôt vaincus par la mer.

Beaucoup de monuments ont littéralement disparu. L'énigmatique Minar-e-Chakari, Colonne de la Lumière, construite à l'extérieur de Kaboul sur l'ancienne route de Jalalabad au Ier siècle après J.-C., sans doute pour commémorer l'illumination du Bouddha, n'a pas résisté aux canons, et depuis 1998 ce n'est qu'un triste entassement de vieux cailloux.

Kaboul n'est plus une ville, en aucun sens du terme, mais une énorme termitière grouillant d'une humanité misérable ; un immense cimetière poussiéreux. Tout est poussière et j'ai de plus en plus l'impression que dans cette poussière qui me noircit constamment les mains, qui m'entre dans le nez, dans les poumons, il y a tout ce qui reste de tous les ossements, de tous les palais, les maisons, les parcs, les fleurs et les arbres qui ont fait autrefois de cette vallée un paradis. Soixante-dix variétés de raisins, trente-trois de tulipes, sept grands jardins remplis de cèdres étaient la fierté de Kaboul. Il ne reste absolument rien. Et ce n'est pas à cause d'une malédiction divine, ni de l'éruption d'un volcan, de la crue d'un fleuve ou de quelque autre catastrophe naturelle. Le paradis a cessé d'être un jour, puis encore une fois et tant d'autres fois pour une seule et unique raison : la guerre. La guerre des envahisseurs il y a des siècles, la guerre du XIXe siècle et celle apportée au début du XXe par les Anglais – qui aujourd'hui, peu élégamment, ont voulu revenir à la tête de la « Force de paix » –, la guerre des vingt dernières années, celle à laquelle nous avons tous participé d'une manière ou d'une autre, peut-être seulement en vendant des armes à un des nombreux adversaires en présence, et maintenant la guerre américaine : une guerre glacée de machines contre des hommes.

Peut-être l'âge m'a-t-il apporté une sorte de sensibilité hystérique à la violence, mais où que je regarde je vois des marques de balles, des trouées d'éclats de projectiles, des lueurs d'explosions et j'ai l'impression d'être moi aussi transpercé, mutilé, brûlé. J'ai sans doute perdu, si je l'ai jamais eue, l'objectivité de l'observateur distant, ou bien ce n'est que le souvenir d'un vers que Gandhi récitait dans sa prière quotidienne pour demander de pouvoir « s'imaginer la souffrance des autres » afin de comprendre le monde, mais je ne parviens vraiment pas à rester détaché comme si cette histoire ne me regardait pas.

De ma fenêtre, je vois un homme qui marche lentement et se retourne sans cesse pour regarder une jeune femme se traîner derrière lui sur une seule jambe. C'est peut-être sa fille. Moi aussi j'en ai une, et pour la première fois de ma vie je pense qu'elle pourrait sauter sur une mine. Le froid gerce la peau maintenant et je vois des groupes d'enfants mendiants qui allument des feux avec des sacs et des morceaux de plastique trouvés dans les tas d'ordures. J'ai un petit-fils du même âge et je l'imagine en train de respirer cet air puant et cancérigène pour se réchauffer. Au bout de plusieurs jours de recherches, j'ai finalement réussi à trouver le vieux monsieur pour qui j'avais une lettre de recommandation – ex-conservateur du musée de Kaboul – au bazar de Karte Ariana où il vend maintenant des pommes de terre pour faire vivre sa famille. Ça aurait pu m'arriver ; ça pourrait encore arriver à n'importe lequel d'entre nous : à cause d'une guerre.

On m'a raconté que pendant la période la plus noire de la guerre, entre 1992 et 1996, quand ces mêmes factions de l'Alliance du Nord qui gouvernent maintenant Kaboul, mais qui à l'époque avaient fait de la ville leur champ de bataille et leur abattoir (plus de cinquante mille civils tués), de grands containers de fer arrivaient par la mer et à travers le Pakistan pleins d'armes et de munitions américaines pour le djihad contre l'Union soviétique ; qu'ils étaient utilisés par des groupes de moudjahidin comme prisons pour leurs ennemis et que parfois, à titre de représailles, les prisonniers étaient oubliés à l'intérieur. Parfois aussi on les faisait rôtir en mettant le feu à des bidons d'essence placés tout autour. Je ne sais pas si c'est vrai mais je ne peux plus regarder un de ces containers – et il y en a des milliers, partout, recyclés en habitations, en magasins et en ateliers – sans repenser à cette histoire.

Il me semble que chaque objet ici, chaque mur, chaque visage est marqué par cette horrible violence qu'a été et reste encore la guerre au moment où j'écris.

À Kaboul, après une nuit de demi-sommeil avec le vrombissement intermittent des B-52 qui passent en altitude, même l'aube n'est pas réconfortante. Le soleil ressemble à un incendie derrière la barrière des montagnes qui se découpent encore longtemps en noir sur l'horizon. Il arrive que, pendant que la ville est encore dans l'ombre, un B-52 solitaire s'éclaire soudain sous les premiers rayons dorés et se transforme en un mystérieux oiseau de proie inquiétant qui écrit avec ses quatre queues de feu d'étranges messages de mort dans le ciel noir et turquoise.

Les B-52 ne sont pas ici seulement pour bombarder les refuges des hommes de Ben Laden ou les convois où pourrait se cacher le mollah Omar. Ils sont ici pour rappeler à tout le monde qui sont les nouveaux policiers, les nouveaux juges, les nouveaux patrons-montreurs de marionnettes du pays. Le salut au drapeau américain mis en scène lundi dernier, jour de la grande fête musulmane de l'Aïd à la fin du Ramadan, voulait dire exactement cela, avec la fanfare des *marines* qui a entonné *Dieu bénisse l'Amérique*, avec les discours de circonstance, la haie d'honneur et le lent, très lent lever de la bannière étoilée sur le mât du jardin. Plusieurs représentations diplomatiques ont rouvert leurs portes à Kaboul ; des diplomates iraniens, turcs, français, chinois, anglais et italiens ont dépoussiéré les bureaux et hissé leur drapeau : mais aucun n'a fait une telle affaire de ce geste ordinaire.

Pour les Américains, le drapeau est une sorte d'obsession. Celui qu'ils ont remis sur l'ambassade de Kaboul est celui qu'ils avaient apporté en 1989. Mais ce n'était pas le premier que les États-Unis replantaient sur le sol afghan. Celui-là a été hissé par les *marines* sur leur base aux environs de Kandahar au début de la campagne militaire. La base a été baptisée « Camp Justice » et le drapeau, afin de préciser que dans ce cas « justice » veut surtout dire « vengeance », porte les signatures des familles des victimes des tours jumelles.

Les Afghans n'ont aucune difficulté à comprendre ce genre de choses. En 1842, le grand bazar des Quatre Arcades, avec ses fameuses fresques et ses décorations florales, a été rasé et pillé par les troupes anglaises pour venger la mort de deux émissaires de Londres, suivie de l'anéantissement d'un corps expéditionnaire de seize mille hommes et de leur intendance sur la route de Kaboul à

Jalalabad : seul un médecin a survécu pour raconter l'histoire. En 1880, ce sont de nouveau les Anglais qui, après avoir pendu dans la cour de la forteresse vingt-neuf chefs afghans d'une nouvelle révolte indépendantiste, ont rasé une grande partie de Bala Hissar afin que – comme l'a écrit le général de Sa Majesté qui dirigeait l'opération – « reste indélébile le souvenir de comment nous savons venger nos hommes ».

Avec ce genre de « souvenirs », auxquels se réfèrent de nombreux monuments, noms de rues et de quartiers du Kaboul d'aujourd'hui, il aurait sûrement été plus correct de la part de cette mystérieuse entité que l'on appelle « communauté internationale » et qui en réalité ressemble de plus en plus à un club à usage exclusif des États-Unis, de confier le commandement de la « Force de paix » à un pays qui ne soit pas, comme l'Angleterre, identifié ici au colonialisme, à l'agression et à un record moins qu'honorable : le premier bombardement aérien de l'histoire avec des victimes civiles a été celui de Kaboul par l'aviation anglaise en 1919.

Des siècles plus tôt, les Afghans avaient connu une autre vengeance encore plus mémorable. Passant par la plaine de Bamiyan en 1221, Gengis Khan avait vu mourir son petit-fils, frappé par une flèche afghane, et avait ordonné de ne laisser aucune trace de vie dans cette vallée. Pendant des jours les soldats mongols égorgèrent hommes, femmes, enfants et animaux jusqu'à ce que, dit-on, les épées aient perdu leur fil et les bras soient fatigués ; puis ils abattirent tous les arbres et arrachèrent toutes les plantes. C'est ainsi que, pendant des centaines d'années, les grands bouddhas sculptés dans le roc, mais déjà dépouillés de l'or qui les recouvrait à l'origine, ont regardé la vallée avec des yeux vides... en attendant que d'autres guerriers, les talibans cette fois, armés de bazookas, viennent les démolir pour se venger peut-être de la «communauté internationale» qui refusait de les reconnaître, en dépit de l'évidence, comme les dirigeants légitimes de l'Afghanistan.

C'est au tour des talibans d'être victimes des Américains qui veulent venger leurs morts et surtout rétablir dans le monde l'idée de leur invulnérabilité. Le fait que les talibans ne soient pas directement – et peut-être même pas indirectement responsables de ces morts est désormais insignifiant. De même qu'il est insignifiant que les Afghans, certainement pas impliqués dans le massacre des tours jumelles, aient été les premiers à payer pour cette vengeance. Combien elle a coûté reste un mystère.

La guerre actuelle est suivie par des centaines de journalistes, c'est une guerre à laquelle on consacre certainement plus de papier imprimé et d'heures de télévision que toute autre guerre précédente, et pourtant les États-Unis réussissent à la garder résolument secrète et n'en feront jamais connaître toute la vérité.

Il y a dans cette guerre des questions auxquelles les États-Unis se refusent à répondre et que personne ne pose donc plus. En voici quelques-unes : combien les bombardements américains ont-ils fait de victimes civiles absolument innocentes ? À mon avis, déjà beaucoup plus que les victimes des tours jumelles.

Combien y a-t-il eu de victimes parmi les militaires talibans ? À mon avis, plus de dix mille. La seule preuve que j'en ai est modeste, mais significative. Avant d'aller en Afghanistan, je suis repassé par Peshawar et par la région pakistanaise dominée par les fondamentalistes islamistes où, juste après le début des bombardements, j'avais rencontré les jeunes qui partaient avec enthousiasme pour le djihad. Eh bien j'en ai revu un qui avait réussi à revenir : vaincu. Il racontait que les pilonnages des B-52 étaient terrifiants et meurtriers. Il était allé avec ses compagnons combattre les Américains, mais il n'en avait pas même vu l'ombre d'un. Il avait seulement entendu le vrombissement de leurs avions, très haut dans le ciel, et vu autour de lui les effets dévastateurs de leurs bombes : des hommes littéralement mis en pièces, d'autres, soufflés par le fantastique déplacement d'air, qui mouraient avec le sang qui leur coulait des oreilles et du nez. Sur un groupe de quarante-trois, seuls trois avaient survécu. Si les choses se sont passées de la même façon là où les talibans ont essayé de résister et de défendre leur terrain, comme ils l'ont fait pendant des semaines à Kandahar, leurs pertes ont dû être considérables.

Sans défense antiaérienne, bloqués sur des positions fixes, dans des tranchées primitives et des fortins de terre, les talibans sont restés à la merci du harcèlement massif, ininterrompu, des bombardiers américains. Jamais sans doute dans l'histoire des guerres on n'en a vu d'aussi inégale, où le déséquilibre des pertes ait été aussi évident : les États-Unis ont causé des milliers et des milliers de morts contre pratiquement aucune de leur côté. Et pourtant la vision du monde du jeune soldat du djihad n'avait pas changé pour autant, sa foi aveugle en l'islam n'avait pas faibli, il ne haïssait pas moins l'Occident et n'admirait pas davantage les Américains pour leur supériorité militaire. Pas du tout. « Nos armes ne sont pas suffisantes pour atteindre les Américains dans leurs avions, disait-il. Alors c'est Allah qui décide ce qu'il faut faire d'eux. » Être devenu *ghazi* – ancien combattant du djihad – lui donnait une position de prestige dans le village et dans l'organisation fondamentaliste islamique à laquelle il voulait continuer d'obéir. Je lui ai demandé : « Et si on vous ordonne d'aller poser une bombe à New York ou ailleurs ? » Il a répondu sans hésiter : « Je le ferai. » Dans cet enchaînement pervers de la violence, quelle autre « vengeance » peut concevoir un tout jeune musulman, inculte et borné, dans un village boueux d'Asie contre un pilote de B-52 qui à ses yeux a massacré des dizaines de ses camarades ?

Le terrorisme dont ont été victimes les Américains à New York et à Washington est né exactement de cette situation de déséquilibre créée par la fin de la guerre froide. Tant que le monde était bipolaire et que la menace d'un conflit nucléaire tenait en respect les deux Grands, l'Union soviétique et les États-Unis ne pouvaient pas se permettre d'aller faire ce qu'ils voulaient dans le monde. L'un des deux atteignait tôt ou tard la limite fixée par l'autre et devait s'arrêter. Ce n'est plus le cas et les États-Unis, avec leur arsenal militaire sophistiqué désormais sans égal, peuvent intervenir dans de nombreuses régions du monde, surtout du monde pauvre ; ils peuvent se permettre n'importe quelle violence, sûrs de ne pas avoir à en subir une égale en retour. Les États-Unis, en portant la guerre en Afghanistan aujourd'hui, demain au Soudan ou en Somalie, en Irak ou en Syrie, ne courent aucun risque. Sauf celui d'une riposte éventuelle inversement déséquilibrée : le terrorisme.

La façon dont les Américains ont décidé de réagir aux attentats de New York et de Washington ne résout pas le problème. Il le provoque au contraire, en réaffirmant le déséquilibre des rapports. En croyant se protéger, les Américains ont rendu tout le monde plus vulnérable et la vie de la planète plus précaire et moins agréable.

Une autre question qu'on ne peut pas poser au sujet de la guerre que les Américains mènent en Afghanistan est la suivante : qu'est-il arrivé aux centaines de familles d'Arabes venus mener le djihad contre les Soviétiques pour le compte des Américains et qui sont restés ici derrière Oussama Ben Laden ? La maison à côté de mon « vendeur de pommes de terre » était habitée par un groupe de ces familles. « Il y avait plusieurs femmes et au moins une dizaine d'enfants. Ils sont partis une nuit dans des camionnettes », dit-il. Où sont-ils à présent ?

Le jeune combattant du djihad à côté de Peshawar racontait qu'en retournant vers le Pakistan il avait traversé la région autour de Tora Bora et avait vu des combattants arabes aller demander aux paysans pachtouns de prendre avec eux leurs femmes et leurs enfants, et se faisaient promettre qu'ils s'en occuperaient. Comme certains enfants juifs confiés à des paysans non-juifs pour qu'ils survivent aux rafles nazies. Quelles fautes ont commises ces gens-là ? Qui va s'occuper d'eux ?

Les victimes de cette guerre ne sont pas seulement ceux qui sont déjà morts sous les bombes, mais aussi ceux qui mourront dans les prochains mois parce que les bombes et les mines américaines ont encore réduit les surfaces cultivables déjà exiguës de l'Afghanistan, et ceux qui meurent actuellement – par dizaines et dizaines chaque jour – parce que, dans cette conduite cynique de la guerre, les bombardements ont bloqué pendant des mois les livraisons indispensables de ravitaillement du World Food Program, l'organisation alimentaire des Nations unies, dirigée par une dame américaine.

Il y a en ce moment des centaines de milliers d'Afghans (deux cent cinquante mille à Maslakh seulement, près de Herat) qui, pour fuir les bombardements américains, ont échoué dans des zones reculées du pays où en cette saison il est impossible de leur faire parvenir de la nourriture à cause de la neige, qui meurent déjà de faim et risquent de disparaître. Mais leur drame passe inaperçu : il dérange le tableau positif que les porte-parole de la coalition internationale contre le terrorisme entendent présenter au monde, et personne n'en parle, personne ne s'en indigne, sauf quelques fonctionnaires horrifiés et rebelles des Nations unies. Si quelqu'un exprime un doute, la réponse est toujours la même : « Souvenez-vous du 11 septembre », comme si ces victimes pouvaient tout justifier, comme si ces vies étaient différentes des autres et valaient donc beaucoup, beaucoup plus.

Une forme de violence en engendre une autre. On ne peut espérer une quelconque solution qu'en rompant ce cercle vicieux, mais personne ne semble disposé à faire le premier pas. Parmi les nombreuses organisations non gouvernementales qui se pressent en Afghanistan pour apporter, avec les fonds des différents gouvernements, leur version de l'humanitaire et de l'aide, je n'en ai entendu aucune dire qu'elle vient œuvrer à la réconciliation, proposer la non-violence, faire réfléchir les Afghans – et peut-être aussi les autres – sur la futilité de la vengeance. Et Dieu sait si on en aurait besoin ! J'ai rarement vu un pays aussi imprégné de violence, d'hostilité, aussi enclin à la guerre. De quelque côté que je me tourne je sens la haine. Les Tadjiks haïssent les Pachtouns, les Ouzbeks haïssent les Tadjiks, les Pachtouns haïssent les Ouzbeks et tous haïssent les Hazaras, considérés encore aujourd'hui comme les descendants des hordes mongoles – leur nom signifie « par milliers » – et les héritiers de Gengis Khan.

J'ai toujours pensé que la souffrance était un maître de sagesse et en venant en Afghanistan je pensais trouver, après tant de souffrance, un terrain fertile pour une réflexion sur la non-violence et un désir de paix. Absolument rien ! Pas même là où ce serait le plus évident.

Le centre d'orthopédie du Comité international de la Croix-Rouge est un des endroits les plus émouvants de Kaboul, un concentré de douleur et d'espoir dirigé par un Turinois réservé et efficace, Alberto Cairo. Il est la seule personne du centre à avoir deux mains et deux jambes. Tous les autres, patients et employés, médecins et techniciens, sont amputés de quelque chose. Même l'homme de ménage a perdu une jambe. « Travailler ici nous aide à nous sentir utiles et aide ceux qui arrivent en ayant perdu un morceau d'eux-mêmes à voir qu'on peut continuer à vivre », dit l'homme qui m'accompagne. Il était traducteur. Un jour qu'il rentrait chez lui à bicyclette, un tireur embusqué de l'Alliance du Nord l'a visé à la jambe et la lui a écrasée au-dessus du genou. J'ai remarqué sans réfléchir : « Si ce type n'est pas mort, il est de nouveau à Kaboul. Vous lui avez pardonné ? » « Non. Non. Si je pouvais, je le tuerais de mes mains », a-t-il répondu. Tous ceux qui nous écoutaient étaient d'accord.

Dans la section des femmes, une fillette de treize ans apprend à marcher avec un nouveau pied en plastique en se déplaçant lentement le long d'un tracé de marques rouges sur le sol. Un jour, il y a six mois, sa mère lui a demandé d'aller chercher du bois pour le feu. Peu après, elle a entendu une explosion et des hurlements. Je demande à la kiné qui fait sa rééducation – elle aussi privée d'une jambe, perdue il y a des années sur une mine cachée dans la cour de l'école –, si elle croit à la possibilité d'un monde sans guerre. Elle rit comme si je lui avais raconté une histoire drôle : « Impossible. Impossible. »

Tous les hommes politiques en visite à Kaboul se montrent au centre d'Alberto Cairo et apportent de l'aide pour qu'il poursuive son travail si convaincant. Ce que personne n'a le courage de dire c'est que le seul moyen de mettre fin à ce travail, aux aides et aux visites des hommes politiques, c'est d'interdire immédiatement la fabrication et le commerce de toutes les mines. Que la « communauté internationale » envoie une « Force de paix » démanteler les fabriques de mines, où qu'elles se trouvent dans le monde !

Cairo est en Afghanistan depuis douze ans et compte rester jusqu'à la fin de ses jours. Il a du travail : outre le million de vieilles mines, il y a maintenant les nouvelles que les Américains sèment du ciel. Lui aussi sourit de mon espoir d'un monde sans guerre : « En Afghanistan, la guerre est le sel de la vie. La guerre a davantage de goût que la paix. » Ce n'est pas du cynisme de sa part ; c'est de la résignation.

Mais moi je ne peux pas me résigner, tout en me rendant compte que ce que nous vivons est un moment particulièrement tragique pour l'humanité. Depuis des semaines tout ce que je vois et entends à propos de cette guerre semble démontrer que l'homme n'est absolument pas ce qu'il y a de plus noble dans la création et que dans

son chemin vers la civilisation il est en train de subir sous nos yeux, avec notre participation, un grand coup d'arrêt.

Précisément au début du troisième millénaire, au début de ce que tant de jeunes pensaient être *The New Age*, la nouvelle ère de paix et de sérénité, l'homme a amorcé un processus infiniment dangereux de nouvelle barbarie. Alors qu'un ensemble de règles de coexistence humaine paraissait assuré et partagé par la majorité, alors que les Nations unies semblaient devenir le siège de la résolution des conflits, que les différentes conventions sur les droits de l'homme, sur la protection de l'enfance, des femmes et de l'environnement semblaient avoir jeté les bases d'une nouvelle éthique internationale, tout a été renversé, et donner la mort à autrui est redevenu une routine technico-bureaucratique comme l'était devenue finalement la déportation des Juifs pour Eichmann.

Sous les yeux des soldats occidentaux, parfois avec leur participation active, des prisonniers sont fusillés les mains attachées derrière le dos et le massacre, commodément qualifié de « mutinerie de détenus », archivé. Des villages entiers de paysans dont l'unique faute est de se trouver au voisinage d'une montagne appelée Tora Bora, sont rasés par les bombardements intensifs. Les victimes se comptent par centaines, mais leur existence est niée sans pudeur quand on affirme que « tous les objectifs atteints sont militaires ». Une personnalité en vue comme le secrétaire à la Défense Rumsfeld décrit les combattants d'Oussama Ben Laden comme des « animaux blessés », donc particulièrement dangereux et susceptibles d'être abattus, même si refuser à un combattant désarmé qu'il se rende est un crime de guerre selon la Convention de Genève. Que les apparitions quasi quotidiennes du secrétaire Rumsfeld à la tribune du Pentagone soient devenues un des programmes les plus populaires et les plus suivis d'Amérique en dit long sur l'état actuel d'une grande partie de l'humanité. La torture cesse d'être un tabou dans notre conscience occidentale et dans les talk-shows on discute ouvertement de la légitimité d'y recourir lorsqu'il s'agit d'arracher au suspect torturé des informations susceptibles de sauver des vies américaines. Peu de protestations. Personne ne demande au grand jour si les *marines*, les forces spéciales et les agents de la CIA qui interrogent des centaines de talibans et d'Arabes pour savoir où se cache Oussama Ben Laden le font dans le respect des règles selon lesquelles les prisonniers de guerre ne sont tenus d'indiquer que leur nom et leur numéro de matricule. La « communauté internationale » a accepté que l'intérêt national américain prévale sur tout autre principe, y compris celui, sacro-saint jusqu'à présent, de la souveraineté nationale.

La presse américaine elle-même a mis de côté beaucoup de vieux principes qui lui donnaient dans le passé un rôle important de contrôle du pouvoir. J'ai vu de mes yeux l'original d'un article écrit en Afghanistan par un correspondant d'un grand quotidien et celui qui a été publié ensuite. Cela aurait été autrefois un motif de scandale. Plus maintenant. Le journaliste disait : « Nous sommes devenus la *Pravda*. »

Quand un autre correspondant a proposé de faire un portrait psychologique du mollah Omar pour expliquer, entre autres, comment et pourquoi le chef suprême des talibans, en ne livrant pas Ben Laden, a mis en jeu l'existence de son régime, la réponse de la rédaction a été : « Non. Le public américain n'est pas encore prêt. » La vérité est qu'il faut éviter tout ce qui pourrait expliquer ses raisons. L'ennemi est diabolisé et présenté comme un monstre inacceptable qu'il faut éliminer.

En direct de CNN, dans la dépêche sur le massacre des prisonniers dans la forteresse de Mazar-e-Charif, il n'y a eu qu'un instant de compassion pour ces centaines de cadavres éparpillés de façon obscène dans la cour et parmi lesquels un soldat de l'Alliance du Nord circulait déjà avec d'horribles pinces pour récupérer des dents en or dans les bouches ouvertes. Un Suisse du Comité international de la Croix-Rouge est apparu sur l'écran pour expliquer qu'il était là pour photographier et chercher à identifier les morts. « Ils ont tous une famille », a-t-il ajouté. Ces quelques images et ces quelques mots ont disparu des nombreuses rediffusions ultérieures de cette information.

En revanche, une autre histoire n'a pas disparu. Elle a même été répétée jusqu'à plus soif dans les émissions de radio de la Voix de l'Amérique et de la BBC vers l'Asie, selon laquelle, ces derniers jours, des groupes de talibans aux abois auraient arrêté un bus sur la route Kaboul-Jalalabad et, après avoir vérifié, comme ils le faisaient lorsqu'ils étaient au pouvoir, la longueur « islamique » des barbes des occupants, auraient coupé le nez et les oreilles de ceux qui se l'étaient raccourcie. Les victimes auraient été emmenées dans les hôpitaux de Kaboul et de Jalalabad. J'ai fait un matin le tour des hôpitaux de la capitale à la recherche de ces malheureux. Je n'en ai pas trouvé un seul. Ils n'existent pas. Cette histoire est fausse, mais une fois transmise personne ne s'est donné la peine de la démentir. Tout comme était fausse, même si elle a été utilisée par l'épouse de Tony Blair pour illustrer les « horreurs » commises par les talibans, l'histoire selon laquelle sous le régime du mollah Omar, les femmes qui avaient les ongles vernis se les voyaient arracher.

Les émotions suscitées par une succession de fausses nouvelles, y compris celle des ampoules de gaz neurotoxique « découvertes » dans un camp d'Al-Qaida près de Jalalabad, ont servi à rendre acceptables les horreurs de la guerre, à mettre les victimes au compte du « prix inévitable » à payer pour libérer le monde du danger du terrorisme. C'était le but de la politique d'information et de désinformation menée par Washington et c'est ce qui a alimenté l'opinion publique du monde occidental. L'autocensure des médias américains, et en grande partie des européens, a fait le reste.

L'application avec laquelle les États-Unis ont voulu faire taire les voix dissidentes et couper toute source de vérité autre a été démontrée par le missile tombé « par erreur » sur le siège de la télévision arabe Al Jazeera à Kaboul. Je suis allé voir. Il n'y a pas eu d'erreur. La petite villa qui abritait la rédaction était la troisième d'une rangée de constructions toutes pareilles, en béton, un étage, un petit jardin autour, dans une rue semblable à tant d'autres dans le quartier Wazir Akbar Khan. Il n'y avait dans les parages ni casernes, ni ministères, ni chars, ni autres objectifs militaires possibles. En pleine nuit, un seul missile, lancé par un avion à haute altitude est tombé exactement là, sur cette petite villa, et l'a éventrée. Une atteinte à la liberté d'expression, mais assumée, acceptée, justifiée : qui fait partie de notre vie comme les tribunaux spéciaux américains, les arrestations sans garanties légales, les condamnations à mort sans appel.

Rien de tout ça, pourtant – ni la mort d'innocents, ni les massacres de prisonniers, ni la réduction de nos droits fondamentaux, ni la profonde injustice de la guerre – n'a secoué l'opinion publique. Pas l'américaine, bien entendu, mais l'européenne non plus.

L'indifférence générale devant ce qui arrive aux Afghans, mais en réalité à nous-mêmes, sans que nous nous en rendions compte, a des origines profondes. Des années de matérialisme effréné ont réduit et marginalisé le rôle de la mort dans notre vie, en faisant de valeurs telles que l'argent, le succès et le profit personnel le seul critère d'appréciation. Faute de temps pour réfléchir, toujours pris dans l'engrenage d'une vie de compétition extrême qui laisse de moins en moins de place au privé, l'homme de bien-être et de consommation a perdu en quelque sorte la capacité de s'émouvoir et de s'indigner. Il se concentre entièrement sur lui-même, il n'a plus d'yeux ni de cœur pour ce qui se passe autour de lui.

C'est ce nouveau type d'homme occidental, cynique et insensible, égoïste et politiquement correct – quelle que soit la politique –, produit de notre société de développement et de richesse, qui me fait aussi peur aujourd'hui que l'homme patibulaire à la Kalachnikov qu'on trouve maintenant à tous les coins de rue de Kaboul. Les deux se valent, ce sont des exemples différents du même phénomène : celui de l'homme qui oublie qu'il a une conscience, qui ne voit pas clairement son rôle dans l'univers et qui devient le plus destructeur de tous les êtres vivants, que ce soit en polluant les eaux de la terre, en détruisant les forêts, en tuant les animaux ou en utilisant des formes de violence de plus en plus sophistiquées contre ses semblables. En Afghanistan tout ça devient clair pour moi. Ça me blesse et m'enrage.

C'est pourquoi, si j'y réfléchis, le seul moment de joie que j'ai connu dans ce pays a été quand je l'ai vu d'en haut.

Du hublot d'un petit avion des Nations unies à neuf places entre Islamabad et Kaboul, le monde apparaissait comme si l'homme n'avait jamais existé et n'avait laissé aucune trace. De là-haut le monde était tout simplement merveilleux : sans frontières, sans conflits, sans drapeaux pour lesquels mourir, sans patrie à défendre.

J'ai pitié de ceux que l'amour d'eux-mêmes
lie à la patrie ;
la patrie n'est qu'un camp
de tentes dans un désert de pierres

dit un vieux chant himalayen cité par Fosco Maraini dans son *Tibet secret*[8]. Même s'il y en avait eu, je n'aurais pas vu ces tentes.

Par mesure de sécurité, l'avion volait à dix kilomètres d'altitude et la terre, tantôt ocre tantôt violette et grise, était comme la peau ridée d'un vieux géant ; les fleuves étaient ses veines. Devant nous, telle une mer démontée qui se serait soudain gelée, se dressait la barrière enneigée de l'Hindu Kush, « l'assassin d'hindous », à cause des centaines de milliers d'Indiens morts de froid dans ces montagnes lorsque leurs conquérants moghols les transportaient vers l'Asie centrale comme esclaves.

L'Afghanistan, par sa position géographique, a toujours été le grand corridor du monde. Par ici sont passés toutes les grandes religions, les grandes civilisations, les grands empires ; toutes les races, toutes les idées, toutes les marchandises, tous les arts. Ici sont nés un visionnaire philosophe

8. Fosco Maraini, *Tibet secret,* traduit de l'italien par Sabine Valici Bosio, Arthaud, Paris, 1990.

comme Zarathoustra, un poète comme Roumi, les hymnes védiques qui sont à l'origine des textes sacrés indiens, et la première analyse grammaticale du sanscrit, la langue à laquelle toutes les nôtres doivent quelque chose. Par ici sont passés tous ceux qui au cours des siècles sont allés voler les richesses matérielles de l'Inde, et par ici aussi est passée la richesse spirituelle de l'Inde, le bouddhisme, avant de se répandre en Asie centrale, en Chine, en Corée et finalement au Japon. En Afghanistan même, le bouddhisme, au contact de la grécité qu'Alexandre le Grand avait laissée derrière lui, s'est exprimé dans ses formes artistiques les plus raffinées. L'Afghanistan est une mine étendue et profonde d'histoire humaine, enfouie dans la terre de lieux tels que Mazar-e-Charif, Kaboul, Kunduz, Herat, Ghazni et Balkh, l'ancienne Bactres, connue comme la « mère de toutes les villes ».

« Et vous, que faites-vous ici ? » demandait en 1924 un voyageur américain étonné de trouver à Kaboul, parmi les ambassades des grandes puissances, celle de l'Italie. « De l'archéologie », lui a répondu le ministre plénipotentiaire d'alors, Paternò dei Marchi. Depuis le début du siècle passé, de nombreuses fouilles ont été effectuées en Afghanistan par nos missions scientifiques et c'était vraiment désolant d'apprendre, les premières semaines des bombardements, que les B-52 à la chasse des talibans pratiquaient une nouvelle forme d'archéologie en fouillant à coups de bombes ces lieux précieux.

Tel est le destin de l'Afghanistan : se trouver au centre d'intérêts étrangers. C'est ainsi que des Grecs aux Persans, aux Mongols, aux Russes et aux Anglais du XIXe siècle, le pays a toujours été un grand enjeu. Aujourd'hui, c'est exactement pareil.

Quand l'avion des Nations unies s'est posé sur la piste de Bagram, (un endroit qui était il y a deux mille ans la capitale d'une grande civilisation – Kushan – dont les guerres ont balayé toute trace en surface), les nouveaux joueurs étaient tous là, sur cette piste en ciment au milieu d'une vallée à présent déserte et ponctuée de carcasses spectrales de chars, d'hélicoptères, de camions, d'avions et de canons. Tandis que trois *marines* et un chien-loup, lui aussi américain, venaient renifler méticuleusement mes bagages, des soldats russes bricolaient un peu plus loin autour de leurs avions et d'une file de camions bâchés où on pouvait lire : « De la part de la Russie pour les enfants d'Afghanistan ». Devant les ruines d'une caserne on voyait les silhouettes de quelques soldats anglais. Il fallait regarder les montagnes stupéfiantes qui au coucher du soleil semblaient s'animer et bouger sous les ombres et les couleurs changeantes pour ne pas désespérer : la vieille histoire recommençait, tout simplement.

La « communauté internationale » croit avoir trouvé une solution aux problèmes de l'Afghanistan dans une formule qui combine violence et argent, milices afghanes coupables de crimes variés mais tenues en respect à présent, elles aussi, par les B-52, et un homme comme il faut tel que le nouveau chef de l'exécutif Hamid Karzaï, seul et faible Pachtoun parmi les représentants forts des autres ethnies.

J'espère que la formule marchera, mais je n'y crois pas. Certes, la vie reprend même à Kaboul. Je l'ai vue reprendre à Phnom Penh après la fin des Khmers rouges, dans les forêts du Laos et du Vietnam défoliées par les produits chimiques et cancérigènes des Américains. Mais quelle vie ? Une vie nouvelle, une vie plus responsable, plus tolérante, plus sereine, ou la vie habituelle de maintenant : agressive, cupide, violente ?

Un des moments que je n'oublierai pas, de ces jours passés à Kaboul, a été ma visite au zoo. « Ça vaut la peine, croyez-moi », avait suggéré le vendeur de pommes de terre. C'était un vendredi, jour de fête pour les musulmans, et quelques dizaines de personnes avaient payé les deux mille afghanis du billet (0,04 euro) pour voir la collection d'animaux la plus pathétique et la plus misérable qu'on puisse imaginer : un petit ours au nez rongé et purulent, un vieux lion aveugle qui ne tient plus sur ses pattes et dont la lionne est morte récemment, un faon, une chouette, deux aigles déplumés et une foule de lapins et de pigeons. Au cours des batailles entre les différents groupes de moudjahidin de l'Alliance du Nord avant l'arrivée des talibans, le zoo a été brièvement la ligne du front ; des bombes et des missiles sont tombés dessus et beaucoup de cages se sont cassées, permettant à divers animaux de s'échapper. Les loups n'ont pas eu cette chance et dans une cage puante, sans eau, où un gardien jette une fois par jour des restes de viande, il en est resté deux vieux exemplaires.

Ils sont là depuis des années : seuls, prisonniers, enfermés dans le même espace. Ils se connaissent. Ils se connaissent bien, et pourtant ils rasent continuellement, méfiants, les murs devenus luisants et le grillage tout rapiécé et, chaque fois qu'ils se croisent, ils grondent, ils se montrent les dents et s'attaquent, excités par un petit groupe d'hommes qui s'imaginent sans doute qu'ils sont différents et ne se rendent pas compte qu'ils ne sont enfermés eux aussi dans la cage de l'existence que pour y mourir.

Mieux vaudrait alors y vivre en paix.

Lettre de Delhi
Hei Ram

Delhi, le 5 janvier 2002

L'Inde, c'est chez moi. J'y habite depuis des années. J'y ai mes livres, j'y trouve le refuge qu'un homme recherche contre le tourbillon du monde ; j'y éprouve, comme nulle part ailleurs, le sentiment du rythme insensé de la vie. Mais même l'Inde est une déception. Même l'Inde ne parle que de guerre, elle mobilise ses soldats et ses canons, menace d'utiliser ses bombes atomiques contre le Pakistan et, comme un premier de la classe qui vient d'apprendre par cœur la doctrine absurde de George W. Bush – « ou avec nous ou avec les terroristes » – elle frétille, ravie, derrière le char de la guerre américain. Un pays d'un milliard d'habitants ! Le pays qui doit son indépendance à Gandhi, le Mahatma, la Grande Âme : aujourd'hui un pays comme tous les autres. Dommage.

C'était l'occasion pour l'Inde de retourner à ses sources, de retrouver l'ancien langage de sa véritable force, la non-violence ; l'occasion de revenir à son histoire récente de non-alignement et de rappeler au monde la possibilité de cette « troisième voie » qui existe toujours. Dans le cas présent : ni avec vous, ni avec les terroristes.

Or, ici aussi on n'entend que la rhétorique du « coude à coude », la litanie de la coalition internationale contre le terrorisme, et un grand discours creux de colère et d'orgueil, de courage et de détermination, de sacrifice accepté d'avance. Tout ça parce que les dirigeants actuels de l'Inde espèrent profiter de la situation créée par l'attaque américaine en Afghanistan pour résoudre par la force leur problème du Cachemire, qu'aucune force n'a résolu en cinquante ans (entre l'Inde et le Pakistan il y a déjà eu trois guerres) ou, pis encore, parce que le principal parti de la coalition au pouvoir, le BJP, espère gagner les prochaines élections dans deux États importants du pays en jouant les foudres de guerre sans vraiment la vouloir en réalité. Le monde est ainsi, et désormais, même le monde indien : aucun principe, mais beaucoup d'expédients ; aucune aspiration spirituelle, rien que le désir d'avantages matériels petits ou gros.

Toutes les leçons du passé sont oubliées. En voici une toute petite, mais qui donne à réfléchir, comme toutes celles de Gandhi. En 1947, l'Inde et le Pakistan étaient devenus officiellement indépendants. En réalité ils étaient encore deux tronçons ensanglantés d'un même corps que la duplicité de la puissance coloniale anglaise avait contribué à séparer. Gandhi s'était opposé à la partition de toutes ses forces. Il disait que le Pakistan comme l'Inde étaient son pays et qu'il refusait d'utiliser un passeport pour aller de l'un à l'autre. Son idéalisme a été vaincu, son jeûne n'a pas arrêté la migration désespérée et biblique des peuples et le massacre d'au moins un million de personnes. Le réalisme des petits et des grands intérêts a prévalu.

La division avait été faite, vaguement, sur la base du regroupement religieux – les hindous d'un côté, les musulmans de l'autre – en laissant les maharajahs des cinq cent soixante-deux États princiers choisir de quel côté aller. Celui du Cachemire était indécis : il était hindou, mais ses sujets étaient en majorité musulmans. Il est resté ainsi deux mois formellement indépendant. Le Pakistan en a profité pour envoyer au Cachemire des « volontaires » annexer ce précieux morceau de terre ; les Indiens en ont profité pour pousser le maharajah à se décider en faveur de l'Inde et à envoyer leur armée au Cachemire. La guerre était déjà en cours lorsqu'il s'est agi, pour compléter la partition de ce qui avait été l'empire britannique en Inde, de partager à égalité entre l'Inde et le Pakistan les réserves qui restaient dans les caisses encore communes à Delhi. Le Premier ministre indien, Nehru, assurait que le Pakistan allait utiliser cet argent pour financer la guerre au Cachemire et que l'Inde devait tout garder. Mais Gandhi n'a rien voulu savoir. Selon lui, aucune raison ne pouvait prévaloir sur un principe sacro-saint de justice : le Pakistan avait droit à sa part et l'Inde devait la lui donner. Ainsi fut fait. Quelle leçon ! Une leçon qui lui a coûté la vie. C'est juste après cette décision de donner au Pakistan les cinq cent cinquante millions de roupies que Gandhi, accusé par les hindous d'être pro-musulman, a été assassiné le 30 janvier 1948.

Depuis lors il n'y a jamais eu de paix entre l'Inde et le Pakistan, et le Cachemire, entre-temps détruit, torturé et divisé par une prétendue « ligne de contrôle » le long de laquelle les deux armées, munies d'engins nucléaires, se font face, reste un champ de bataille. Comme dans toutes les guerres désormais, ce sont surtout les civils qui meurent.

Si Gandhi était encore là, ou quelqu'un de sa stature morale, il saurait bien que dans la question du Cachemire personne n'a été « juste », que le Pakistan et l'Inde ont d'énormes responsabilités dans la situation actuelle, que tous deux, dans la poursuite de leurs buts, ont commis des crimes horribles et que les véritables victimes de toute cette histoire ont été – et restent – les Cachemiris à qui personne, en plus d'un demi-siècle, n'a simplement demandé : « Et vous, que voulez-vous ? » À mon avis, ils voudraient avant tout vivre en paix et jouir de cette vallée qui reste un des plus beaux endroits du monde.

Ils le feront un jour parce que, à moins que l'humanité ne se suicide, le grand continent indien – avec une population égale à celle de la Chine – devra redevenir ce qu'il était déjà en 1947 : une unité de diversités. Indiens, Pakistanais et Bangladais ont les mêmes racines, la même culture, la même histoire, y compris l'histoire récente des guerres qu'ils se sont faites entre eux ; exactement comme les Français et les Allemands, les Italiens et les Autrichiens. Si le continent européen a réussi à devenir une communauté, le continent indien pourra très bien le devenir aussi. Pourquoi alors, au lieu de préparer de nouveaux massacres, ne pas se mettre immédiatement à travailler pour une plus grande intégration, pour un continent sans guerres, sans frontières, peut-être avec une monnaie unique et, si c'est trop demander, avec au moins un grand engagement commun pour apporter l'eau potable à tous, attendu que du Pakistan à l'Inde, au Bangladesh, seul un quart de la population y a accès ?

Mais l'eau potable ne semble pas une cause digne d'engagement. La guerre l'est bien davantage. Et si cette maudite guerre entre l'Inde et le Pakistan devait éclater pour de bon – peut-être même par erreur – et devenir nucléaire – une erreur en entraîne une autre –, le nombre de morts serait colossal.

La situation actuelle entre l'Inde et le Pakistan est la preuve éclatante de l'absurdité, de l'injustice et du danger de la doctrine américaine énoncée pour soutenir la coalition internationale contre le terrorisme. Toutes les raisons avancées par les États-Unis pour aller bombarder l'Afghanistan et renverser les talibans donneraient maintenant à l'Inde le droit de pilonner le Pakistan et renverser le régime du général Moucharraf: les Indiens ont été pendant des années victimes d'horribles attentats terroristes – le dernier au Parlement, le 13 décembre –; il n'y a pas de doute que les organisations terroristes qui frappent l'Inde ont leur siège au Pakistan, et il est prouvé par ailleurs que le gouvernement pakistanais a donné asile à ces terroristes. Alors, guerre? Guerre juste de la part de l'Inde? Aucune guerre n'est juste. De toute façon un problème reste: qui sont les terroristes? Beaucoup de ceux que l'Inde juge tels sont pour d'autres des combattants de la liberté. Il y a aussi un autre problème: contrairement aux talibans, qui n'avaient aucun moyen de se défendre contre la super-puissance américaine, les Pakistanais ont des forces armées modernes, ils disposent d'engins nucléaires et la guerre contre eux aurait des conséquences imprévisibles.

C'est pourquoi les Américains se donnent ces jours-ci beaucoup de mal pour essayer de calmer les esprits des deux adversaires et pour expliquer au fond qu'eux seuls, les Américains, peuvent poursuivre leurs terroristes, qu'eux seuls peuvent aller les débusquer dans les pays qui les arrangent et qu'eux seuls peuvent aller renverser les gouvernements qui ne leur plaisent pas. Peut-on imaginer un pays qui demanderait aux États-Unis de livrer à la justice un de leurs citoyens responsable d'actes terroristes à Cuba, en Haïti ou au Chili ? Ou que Washington livrerait un de ces personnages louches qui, pour le compte des États-Unis, ont été responsables de campagnes terroristes, prolongées, en Amérique latine par exemple, et qui jouissent aujourd'hui de la protection américaine ?

La justice que recherchent les États-Unis est la *leur*, pas LA justice. Les États-Unis n'ont aucun véritable intérêt à résoudre le problème du Cachemire, de même qu'ils n'en ont pas à résoudre celui de l'Afghanistan. Ils sont entrés de force dans cette région pour exercer une vengeance et pour poursuivre leurs intérêts nationaux. Maintenant qu'ils y sont, ils vont y rester. L'attaque contre l'Afghanistan a changé l'équilibre du monde et a donné aux États-Unis, pour la première fois dans l'Histoire, le libre accès à l'Asie centrale et à l'Asie du Sud. Ils ne renonceront pas à cet accès : les accords avec les républiques ex-soviétiques seront prolongés au-delà de l'urgence anti-terroriste et la base militaire que les États-Unis sont en train de construire à Jacobabad au Pakistan sera permanente, parce qu'elle sert aussi à surveiller – pour le neutraliser en dernière extrémité – l'arsenal nucléaire pakistanais, perçu, on le sait, comme « la bombe atomique islamique ».

En se mettant sans conditions et sans réflexion à la remorque de la puissance américaine – peut-être dans l'espoir d'en profiter dans leur intérêt –, les Indiens n'ont fait qu'augmenter le poids des États-Unis dans la région et renoncer définitivement à leur distance et à leur différence par rapport aux autres blocs. Ce n'était pas nécessaire.

L'Inde est un pays pauvre, mais elle a encore – et c'est sans doute le dernier pays au monde – une culture spirituelle forte et profonde, capable de résister à la marée matérialiste de la globalisation qui nivelle toute identité et engendre partout un conformisme étouffant. C'était le moment où l'Inde aurait pu faire l'éloge de la diversité, rappeler que, bien plus que d'une coalition contre le terrorisme, le monde a besoin d'une coalition contre la pauvreté, contre l'exploitation, contre l'intolérance.

L'Inde, « la plus grande démocratie du monde », aurait pu rappeler aux démocraties de l'Occident que ce n'est pas en limitant la liberté de nos citoyens, en protégeant nos sociétés avec des barbelés, en donnant de plus en plus de pouvoir aux organes de répression et en augmentant ainsi le sentiment d'exclusion de la part de ceux qui sont différents que nous résoudrons nos problèmes.

C'était le moment où l'Inde aurait pu se déclarer contre la violence, toutes les violences, y compris celle du « nouvel ordre mondial » qui, avec ses principes et ses critères prétendument « globaux », mais en réalité ceux des pays « forts » ex-colonialistes, impose à l'Inde et à bien d'autres anciennes colonies, économiquement sous-développées et donc « faibles », des politiques qui ne développent que la richesse des riches, la pauvreté des pauvres et rendent les uns et les autres de plus en plus malheureux.

L'Inde reste quand même un pays à part malgré ses dirigeants, un pays dont le corps social n'est pas exclusivement motivé par des aspirations matérielles. Il n'y a qu'en Inde que des millions et des millions d'hommes et de femmes encore aujourd'hui, après une existence normale de pères et de mères, employés ou professions libérales, renoncent à tout dans cette vie – leurs biens, leurs affections, leurs désirs, leur nom – pour devenir des *samnyasin*, des ascètes, et vêtus d'orange, à l'âge où nous prenons notre retraite, ils rejoignent les pèlerins ; de temple en temple, d'ashram en ashram, ils parcourent le pays en vivant d'aumône. Tant que cela durera et que la population continuera à nourrir les *samnyasin* et à les respecter, l'Inde représentera une alternative existentielle et philosophique au matérialisme qui domine aujourd'hui le reste du monde. C'est pourquoi elle demeure, au fond, un front de résistance contre la globalisation et de défense de la diversité.

Par sa seule existence, l'Inde rappelle aux Occidentaux que tout le monde ne désire pas ce que nous désirons, que tout le monde ne tient pas à être comme nous. Je repense à l'Afghanistan et je me rends compte combien cela vaut pour ce malheureux pays. La « communauté internationale » qui arrive là avec son argent, ses soldats, ses conseils et ses experts ne sera pas du tout la solution pour l'Afghanistan, mais un nouveau problème si l'avenir du pays n'est qu'une projection de l'imaginaire et des intérêts occidentaux au lieu d'incarner les aspirations des Afghans, de tous les Afghans.

J'ai quitté Kaboul il y a deux semaines pour venir faire la fête en famille à Delhi, mais c'est comme si ma tête était restée là-bas. J'ai dans les yeux la vue splendide depuis deux fenêtres poussiéreuses, j'ai dans les oreilles la rumeur permanente du bazar, les appels à la prière des muezzins et les cris des enfants qui cherchent des clients pour les taxis en partance sur les routes de plus en plus dangereuses de la province. Je feuillette mes carnets pleins de notes, d'histoires entendues, de réflexions faites sur le moment et, avec la distance, il m'apparaît de plus en plus clairement que tout ce qui se passe ou se passera dorénavant en Afghanistan a finalement à voir avec la différence : avec le droit d'être différents. Il y a un siècle, pour les Afghans comme pour d'autres peuples du monde, la différence, c'était de se rendre indépendants de l'oppression coloniale ; aujourd'hui, c'est rester en dehors d'un système plus sophistiqué mais tout aussi oppresseur qui cherche à faire du monde entier un marché, de tous les hommes des consommateurs à qui vendre d'abord les mêmes désirs et ensuite les mêmes produits.

Derrière chaque projet de reconstruction, chaque plan de redressement que l'aide internationale financera en Afghanistan, il y a une question que personne ne semble avoir le courage de poser clairement : quel type de pays veut-on reconstruire ? Un comme le nôtre ou un comme le leur ? Le grand danger pour les Afghans aujourd'hui, c'est que, dans l'euphorie de la liberté retrouvée de rêver, ils finissent par ne rêver que comme nous autres Occidentaux voulons qu'ils rêvent et par considérer leur histoire avec les yeux de ceux qui sont en train de la réécrire pour eux. Il suffit d'entendre la version qui a cours sur les événements récents en Afghanistan pour se rendre compte à quel point celle-ci est déjà parsemée de distorsions et de mensonges : certains plantés volontairement par la propagande américaine, d'autres spontanés et dûs au fait que nous appelons réalité ce que nous font percevoir nos sens, nos préjugés et nos idées fixes.

Un exemple typique a été l'image que les médias occidentaux ont généralement donnée des talibans : ils étaient horribles (une version islamique des Khmers rouges de Pol Pot) ; ils ont commis des crimes terribles contre l'humanité, surtout contre les femmes ; ils ne bénéficiaient d'aucun appui populaire ; ils représentaient pratiquement une force d'occupation étrangère, maintenue au pouvoir par les Pakistanais ; l'arrivée des soldats de l'Alliance du Nord à Kaboul a été une véritable libération. Je me rappelle le titre d'un grand quotidien italien qui disait le 15 novembre : « Kaboul : talons hauts et rouge à lèvres » ; d'autres parlaient de femmes qui se débarrassaient de leur burqa ; dans certains cas elles la brûlaient.

C'est évidemment un tableau qui sert à justifier la conduite de la guerre américaine en Afghanistan, la poursuite des bombardements qui continuent de faire des victimes civiles et la chasse au mollah Omar, à ses ministres et à ses ambassadeurs dont, en leur courant après, on a oublié d'expliquer quels « crimes » ils ont commis. Mais est-ce un tableau fidèle ? Probablement pas.

Le régime des talibans était certes arbitraire et répressif, mais les étudiants coraniques n'étaient pas des assassins pathologiques. Au cours de la guerre civile, les talibans ont été victimes et auteurs de massacres (en 1998, par exemple, trois mille talibans ont été faits prisonniers et exterminés à Mazar-e-Chazif ; un an plus tard, au même endroit, par représailles, les talibans ont fait la même chose avec deux mille Hazaras) ; mais, contrairement au Cambodge de Pol Pot, il n'y a pas eu de camps de la mort dans l'Afghanistan du mollah Omar, il n'y a pas eu de projets d'extermination d'une partie ou d'une autre de la population, pas de tentative de créer un « homme nouveau » en éliminant l'ancien. Les talibans se voyaient comme les protecteurs des gens, comme les moralisateurs de la vie afghane, polluée selon eux par les influences étrangères les plus diverses. On n'oublie pas que la première action publique des talibans a été, en 1994, l'exécution à Kandahar d'un chef de moudjahidin coupable d'avoir enlevé et violé deux jeunes femmes, suivie de la pendaison d'un autre, coupable d'avoir « épousé » un jeune garçon dont il s'était amouraché et de l'avoir promené tout orné de guirlandes sur un tank comme si c'était un char nuptial.

Certaines interdictions des talibans, celle des cerfs-volants parce que les enfants qui jouaient avec n'apprenaient pas le Coran pendant ce temps-là, ou certaines règles telles que celle qui impose une longueur « islamique » à la barbe, étaient manifestement absurdes. D'autres moins. Les talibans, par exemple, envoyaient en prison pour une semaine quiconque était surpris à regarder la télé ou à écouter de la musique, et il y avait une logique là-dedans : l'Afghanistan ne produisait pas de cassettes, pas de programmes de télévision (il ne produit même plus d'allumettes !), tout ce que les gens pouvaient voir ou entendre était donc importé, généralement d'Inde, et considéré comme non « islamique », comme source de corruption. Le raisonnement n'était pas très différent au fond de celui qui pousse ceux qui en Occident refusent que leurs enfants regardent la télévision et toutes les émissions absurdes de violence et de sexe qu'elle propose.

Je me suis rendu un matin à l'ancien siège de TV Kaboul, qui venait de reprendre ses transmissions. Une découverte : les locaux étaient en excellent état. Les talibans n'y avaient pas touché, ils avaient même continué à payer les salaires des techniciens pour qu'ils maintiennent le matériel en état de marche. C'était comme s'ils avaient espéré le faire redémarrer un jour avec des programmes à eux. Ceux de l'Alliance du Nord l'ont fait, mais la population préfère capter les programmes de la BBC, du Pakistan et de l'Inde.

Une des entreprises les plus ingénieuses que j'ai vues naître et s'épanouir sous mes yeux a été la production d'antennes paraboliques plus qu'artisanales fabriquées avec des canettes de Coca-Cola. Il y en avait soudain partout, et des dizaines de vieux magasins d'électricité et d'ampoules se transformaient pour vendre des téléviseurs et des magnétoscopes venus en fraude du Pakistan et d'Iran. Les effets ont été immédiats et un jour, en allant manger chez Khalid, un vieux cinéma réaménagé en restaurant, j'ai dû accepter, déçu, que la nouvelle liberté reconquise ait fait taire les rossignols qui gazouillaient avant dans les cages placées entre les tables : des clients très barbus se tenaient devant une télévision réglée à plein volume, hébétés, pour regarder la cassette vidéo d'une femme aux formes généreuses qui dansait la danse du ventre.

De ce point de vue, la fin des talibans a été pour Kaboul une petite joie. À côté des vieilles cartes postales de Kaboul, les étalages offrent maintenant des images toutes nouvelles d'actrices indiennes et des copies de cassettes. Le patron d'une petite fabrique de tapis dans le quartier de Karte Parwan, où j'étais arrivé par hasard en cherchant autre chose, m'a montré fièrement les nouvelles acquisitions avec lesquelles il rendait la vie de ses ouvriers plus agréable : deux posters de stars de cinéma et un magnétophone qui diffusait en permanence une musique quelconque. Dans une petite pièce froide, les « ouvriers » étaient quinze enfants – le plus jeune avait sept ans, le plus âgé seize – ; ils travaillaient huit heures par jour, vingt-quatre jours par mois pour un salaire de trois mille afghanis par jour (0,07 euro) : moins que le prix d'un *chapati*, un pain qui à Kaboul coûte quatre mille afghanis. Le patron ne donnait rien à manger à ces enfants, pas même quelque chose de chaud à boire de temps en temps.

« Mais ceux-là ont de la chance. Ils survivent, m'a répondu le fonctionnaire d'une organisation humanitaire à qui j'ai raconté l'histoire dans la soirée. Ici les enfants meurent comme des mouches, depuis des années. Pendant que les bouddhas de Bamiyan étaient détruits, des dizaines et des dizaines d'enfants de la même vallée mouraient de faim à cause de la sécheresse et de l'embargo, et pourtant la communauté internationale ne pleurait que sur le destin des statues. » La destruction des bouddhas a certainement été une des plus grandes provocations des talibans et elle a beaucoup contribué en renforcer l'image de « folie » et de « crime » de leur régime. Parmi de nombreux autres crimes attribués aux talibans il y a les amputations des mains et des pieds pratiquées sur des personnes accusées de vol, et quelques exécutions publiques, parmi lesquelles celles de femmes. Ce n'étaient certes pas des scènes édifiantes, mais il faut les voir dans le contexte d'une société qui, pendant la guerre civile, avait perdu tout semblant d'ordre et qui, grâce à la dure réimposition de la charia, la loi coranique, se sentait de nouveau en sécurité. Aux dires de nombreux habitants de Kaboul avec qui j'ai parlé, du temps des talibans personne n'avait plus à craindre d'être volé ; les femmes pouvaient voyager dans tout le pays sans redouter d'être molestées ; les routes étaient sûres.

Les exécutions publiques répugnent à la conscience occidentale. Mais celles qui ont lieu par injection dans les pénitenciers américains sont-elles plus civilisées ? Au moins, selon la charia, si la famille de la victime pardonne au condamné, celui-ci peut être libéré, même au dernier moment; contrairement aux condamnés du Texas, où George W. Bush a confirmé chacune des condamnations à mort passées par son bureau de gouverneur.

La charia a toujours été la loi de l'Afghanistan et même les constitutions promulguées lors des diverses tentatives pour séculariser le pays ont dû en reconnaître la validité, notamment dans le domaine du droit de la famille et du droit de propriété. Beaucoup seront surpris en Occident d'apprendre que les juges désignés par le nouveau gouvernement afghan ont déjà déclaré que les principes de la charia devront rester la base du futur système juridique du pays.

Pour le moment la loi reste encore celle du fusil. Kaboul est plein d'hommes armés et le soir, avant le couvre-feu, les gens sont toujours inquiets devant l'ombre d'un homme avec une Kalachnikov : voleur ou policier ? Dès qu'on sort de la capitale, les conditions de sécurité sont incertaines, même de jour. Le pays est aux mains de divers seigneurs de la guerre qui tous, avec leurs bandes armées, extorquent des péages sur les routes. À l'incertitude provoquée par la réapparition de cette forme de banditisme, à laquelle les talibans avaient mis fin en retirant par la force une grande partie des armes détenues par les particuliers, s'ajoute à présent le risque des bombes américaines qui peuvent tomber à tout moment n'importe où dans le pays.

Au début de la guerre, les Américains ont distribué très libéralement des téléphones cellulaires aux chefs de tribus et commandants afghans qui promettaient de se révolter contre les talibans et de fournir des renseignements utiles pour diriger les attaques aériennes contre les hommes d'Oussama Ben Laden et du mollah Omar. Mais ce qui s'est passé – et se passe encore – c'est que certains de ces chefs de tribus ont envoyé les bombardiers américains frapper leurs adversaires politiques ou les villages de leurs rivaux sous prétexte qu'ils cachaient des talibans, augmentant ainsi le nombre des civils tués « par erreur ». Un commandant avec le sens des affaires a utilisé son cellulaire pour se faire larguer deux fois de suite par des parachutes américains de grandes quantités de ravitaillement en assurant qu'il était responsable d'un nombre considérable de personnes qui mouraient de faim. Ce n'était pas vrai.

En dehors de la charia, une autre question qui a beaucoup contribué à l'image négative des talibans a été celle de la burqa. Le fait que les talibans aient imposé ce vêtement qui couvre les femmes de la tête aux pieds, horrible à nos yeux, a enflammé l'imagination du monde occidental ; à tel point qu'à un certain moment on a pu croire que libérer les femmes de ce sac fantomatique était un des buts de la guerre américaine en Afghanistan, une sorte de « bénéfice » des bombardements. L'impression du monde a été : plus de talibans, plus de burqa. Mais ça ne s'est pas du tout passé de cette façon.

La foule du bazar que je voyais tous les jours depuis mes deux superbes fenêtres sur Kaboul était toujours bicolore : le gris-ocre-marron des manteaux des hommes et le gris-bleu d'emballage de pain de sucre des centaines et des centaines de burqas que toutes, absolument toutes les femmes continuaient de porter. Pendant les vingt jours où je suis resté à Kaboul, je n'ai pas vu dans la rue une seule femme le visage découvert.

C'est un point sur lequel je ne me lasserai jamais d'insister : il nous semble absurde que les autres ne veuillent pas vivre, manger, s'habiller comme nous ; une société qui préfère la polygamie et impose la fidélité absolue peut paraître absurde à nos yeux d'Occidentaux à côté de notre monogamie temporaire et de notre constante promiscuité sexuelle. Il nous semble normal qu'une femme veuille faire comme un homme, être soldat, avocat, pilote d'avion, qu'elle veuille être financièrement indépendante au lieu de se consacrer à élever des enfants, les éduquer et régner sur son foyer.

Nous aimons voir le monde tel que nous le connaissons et nous ne pouvons donc imaginer la libération de Kaboul que comme une libération de la burqa : si les femmes ne s'en débarrassent pas, nous les y incitons ou nous les payons pour qu'elles le fassent, ainsi que semble l'avoir fait une équipe de télévision.

Ce que nous oublions, c'est que la burqa appartient à un monde différent du nôtre, à une culture différente ; nous oublions que, tout comme la charia, elle a sa tradition et qu'elle n'est qu'un aspect, le plus extérieur – précisément celui de l'habillement –, d'un principe beaucoup plus général, celui du *purdah*, le rideau, qui dans les sociétés islamiques sépare les femmes des hommes : il les sépare dans leur habitation, aux repas, dans leur éducation. Il les sépare mais, ce faisant, et de leur point de vue, il les protège aussi. Parce que la burqa est aussi cela : une protection, un symbole de l'inaccessibilité féminine dans un pays où il est encore d'usage que le médecin, dans les villages, ne touche pas une patiente et que seul un frère ou son mari puisse lui parler de ce dont elle souffre. C'était pareil en Chine, où sont nées les belles figurines en ivoire de femmes nues, justement pour indiquer les zones douloureuses du corps.

En Afghanistan, une petite fille ne joue pas à la grande en se pavanant dans la maison avec les chaussures de sa maman mais en portant sa burqa et en rêvant au jour où, devenue femme, elle aura droit à la sienne. Que penserions-nous si un jour notre société était dominée par les naturistes et si nous devions tous fêter notre « libération » en nous promenant soudain nus comme des vers ? Je sais que toutes les femmes afghanes, particulièrement celles qui ont étudié ou voyagé à l'étranger, ne sont pas de cet avis, mais les ennemis de la burqa savent-ils que pour les femmes des villages les plus pauvres la burqa est aussi un symbole d'aisance ?

Toute société traditionnelle – de l'Inde à la Chine, au Japon, à la Turquie, à l'Iran – a connu ce problème de vêtements lorsque, provoquée par l'Occident, elle a dû affronter le drame de sa modernisation. Les réponses ont varié suivant les cas, mais la question du vêtement a toujours été – plus qu'une affaire de mode ou de « libération » – une sorte de test entre les forces d'un passé jugé périmé et celles d'un avenir jugé inévitable. Car là est le nœud de tout ce qui se passe en Afghanistan depuis un siècle : une lutte entre tradition et modernité, la première considérée comme la fidélité au passé fondamentaliste islamique, la seconde comme l'adhésion au modèle laïque occidental.

Ce n'est pas un hasard si toutes les révolutions afghanes des cent cinquante dernières années, y compris la révolution communiste, et toutes les contre-révolutions, y compris celle des talibans, ont eu affaire à la burqa. La révolte qui en 1929 a renversé Amanoullah, le roi afghan dont le pays se souvient encore avec le plus de sympathie, a commencé contre la décision de dévoiler les femmes.

L'histoire du roi Amanoullah est intéressante parce qu'il n'est pas difficile d'y voir certains parallèles avec ce qui se passe aujourd'hui. Arrivé au pouvoir en 1919 après l'assassinat de son père, Amanoullah devint un héros national pour avoir défié et vaincu les Anglais qui prétendaient encore exercer une sorte de protectorat sur l'Afghanistan.

Usant de ce prestige, Amanoullah lança le plus vaste programme de modernisation – c'est-à-dire d'occidentalisation – que le pays ait jamais connu. Il établit la première constitution, fonda la première université, restructura le système juridique, ouvrit les écoles aux femmes, envoya de nombreux jeunes Afghans étudier à l'étranger et invita divers experts étrangers afin qu'ils aident l'Afghanistan à réformer l'armée et l'administration de l'État. Puis, pour célébrer l'entrée de l'Afghanistan parmi les nations souveraines du monde, Amanoullah commença à construire à Darulaman une nouvelle ville avec au centre un très grand édifice destiné à être le Parlement, et plusieurs beaux immeubles de style européen, alignés le long d'une grande avenue bordée d'arbres qui reliait comme une sorte de Champs-Élysées le nouveau Kaboul à l'ancien.

Dans un pays où l'islam interdisait toute représentation de la vie et où les images de personnes et d'animaux devaient être strictement évitées, le roi Amanoullah fit ériger des fontaines à la Bernin avec chevaux et personnages de marbre. Parmi les monuments de pure inspiration occidentale, dans un pays où le modèle architectural avait toujours été celui de la tradition islamico-persane, Amanoullah construisit un arc de triomphe, un monument au Soldat inconnu et une colonne de la Connaissance et de l'Ignorance dans laquelle il résuma sa vision du monde : la connaissance était la modernité, laïque et scientifique, importée de l'étranger ; l'ignorance était le traditionalisme local, fondé sur la religion.

Les Européens s'enthousiasmaient pour ce roi afghan qui leur ressemblait et Amanoullah, accompagné de la reine Soraya, fut reçu avec tous les honneurs au cours d'un voyage triomphal dans les capitales et les cours européennes, où il recueillit de tous des approbations et des promesses d'aide. Un peu comme pour Hamid Karzaï, chef du nouveau gouvernement par intérim installé à Kaboul.

La modernité d'Amanoullah n'était pas aussi bien vue et acceptée dans son pays. La laïcisation progressive de l'État et la destitution des chefs de tribus, que le roi contraignit à se présenter sans barbe à une Loya Jirga, la grande assemblée nationale, en veste et pantalon et avec le chapeau melon à la place de leur châle et de leur turban, transformèrent la résistance passive des traditionalistes en révolte populaire. Les photos prises en Europe de la reine Soraya les épaules complètement découvertes furent la goutte d'eau qui fit déborder le vase. Les chefs religieux affirmèrent que tout le programme de réformes du roi était anti-islamique, que le roi lui-même et la reine – qui avait une fois retiré grossièrement sa burqa et l'avait foulée aux pieds – s'étaient convertis au christianisme et étaient de ce fait devenus *kaffir*, infidèles. La répression et la pendaison d'une cinquantaine de chefs rebelles ne servirent à rien. Amanoullah dut fuir précipitamment de Kaboul à bord de sa Rolls et finir peu de temps après en Italie, où le roi Victor-Emmanuel, qui en avait fait son « cousin » en le décorant de l'ordre de la Vierge de l'Annonciation, lui donna asile. Amanoullah mourut à Rome en 1960.

Le trône d'Amanoullah passa à un simple paysan incapable de lire et d'écrire, « le fils du porteur d'eau ». Au bout de neuf mois, lui aussi fut renversé et pendu par l'ex-chef militaire d'Amanoullah, Nadir Shah, qui promit de remettre le roi sur le trône. Il préféra finalement s'y asseoir lui-même. Mais en Afghanistan la politique est un métier dangereux : au bout de quatre ans au pouvoir, Nadir Shah lui aussi fut assassiné – vengeance typique du fils d'un homme qu'il avait lui-même fait assassiner – et le trône fut occupé en 1933 par son fils Zahir Shah, lui aussi en exil depuis trente ans à Rome et sur lequel se portent les espoirs de réconciliation nationale : dans les prochains mois, si les accords de Bonn sont appliqués intégralement, cet homme de presque quatre-vingt-dix ans devra présider une nouvelle Loya Jirga.

Une scène à laquelle j'ai assisté un matin à Kaboul illustre bien la situation désespérante que la lutte violente entre modernisateurs et traditionalistes, sur fond de guerres contre les envahisseurs étrangers, a provoquée dans l'Afghanistan d'aujourd'hui. En me guidant d'après un vieux livre illustré de photos d'il y a un demi-siècle, j'étais allé voir ce qui restait de Darulaman, la ville construite par le roi Amanoullah. C'est épouvantable : rien que des squelettes de façades, des fausses colonnes doriques perdues dans un désert de poussière et de décombres. Une grande partie de sa destruction est survenue entre 1992 et 1996, quand les différents groupes de moudjahidin se sont battus ici. Les dernières destructions sont dues aux récents bombardements américains. J'étais à bicyclette et un gamin, pour m'emmener voir un bâtiment où, disait-il, un missile avait tué cent vingt Arabes, m'a fait avancer prudemment, en zig-zag, parmi des pierres peintes en blanc et des rubans de plastique qui indiquaient des champs de mines. Et là, sur cette étendue de terre encore peu sûre, battue par le vent et brûlée de soleil, parmi les décombres, le long de la grande avenue autrefois bordée d'arbres, un groupe de paysans piochait sereinement et creusait des sillons derrière un cheval attaché à une charrue qui retournait les mottes. On semait sur les Champs-Élysées de Kaboul ! De la terre renaissait la vie.

Une vie – il faut le savoir – qui sera dominée par cet éternel conflit non résolu entre modernité et tradition ou, comme l'interprétait le roi Amanoullah, entre « connaissance » et « ignorance ». C'est malheureusement aussi l'interprétation de la soi-disant communauté internationale, qui se prend pour la connaissance venue en Afghanistan chasser l'ignorance, pour la civilisation venue vaincre la barbarie. C'est faux, et tant que nous ne comprendrons pas que la lutte menée en Afghanistan, mais aussi dans d'autres parties du monde – surtout le monde islamique –, est aussi une lutte pour la différence, celle-ci ne finira jamais.

Les talibans étaient obtus et répressifs, les talibans étaient arrivés au pouvoir avec l'aide économique et militaire des Pakistanais, mais ils étaient un phénomène afghan, le résultat de vingt ans de guerre, le fruit d'une longue histoire aux racines paysannes. Les talibans n'étaient pas des mercenaires à la solde d'Islamabad ou d'Oussama Ben Laden ; c'étaient des moines combattants, puritains et fanatiques, voués à la mission de « sauver » l'Afghanistan en lui imposant une version simpliste, primitive et particulièrement restrictive de l'islam. Ils n'innovaient pas ; ils étaient la réincarnation de cette vieille force traditionaliste, antiurbaine, antioccidentale, à base religieuse, contre laquelle s'était battu le roi Amanoullah et dont tous les gouvernements afghans, avant et après lui, ont dû tenir compte. Cette force est représentée par les mollahs – les maîtres, les chefs religieux –, qui entonnent la prière dans les mosquées et derrière qui toute la congrégation s'agenouille, tournée vers La Mecque.

Les mollahs, vêtus de noir sur du blanc, comme les mots du Prophète écrits en noir sur le papier blanc du Coran, ont toujours été un pouvoir important en Afghanistan. À la fois prêtres et guérisseurs, juges et professeurs et souvent aussi propriétaires terriens, ils ont toujours eu un rôle déterminant dans la vie du pays, surtout dans les campagnes.

C'est le mollah Mashk-e-Alam, « Parfum du monde », qui a déclaré le djihad contre les Anglais au XIXe siècle. C'est le mollah Lang, « le Boiteux », qui a mené la révolte contre le roi Amanoullah et a été pendu avec d'autres.

À la fin du XIXe siècle, l'émir Abdur Rahman dut aller convertir par la force les habitants du Kafiristan, dernière région de l'Afghanistan pas encore musulmane, afin d'obtenir des mollahs leur approbation pour ouvrir les premières écoles, les premiers hôpitaux et les premières fabriques : des fabriques d'armes ! Il ne put les convaincre tous ; le mollah Masun, « le Fou », lui donna du fil à retordre.

En Afghanistan, la légitimité d'un gouvernement qui, en Occident, venait autrefois de Dieu et lui vient aujourd'hui du peuple est toujours venue des mollahs. Parce que le pays, bien que divisé en différentes ethnies qui se haïssent, se combattent et se massacrent mutuellement, a un dénominateur commun auquel il apparaît que tous ont besoin de recourir : la religion, l'islam.

Mes fenêtres sur Kaboul étaient un parfait observatoire pour se faire une idée de l'importance de ce dénominateur commun. De tous côtés, quelque chose me rappelait l'islam : dans le paysage, un minaret, une mosquée, la coupole d'un sanctuaire ; parmi les hommes, les chapelets constamment égrenés et les pauses continuelles pour la prière. Sur la place devant chez moi, là où se trouvait autrefois une fontaine, il était resté une bande de ciment sur laquelle il y avait quelqu'un à toute heure du jour, policier, jeune garçon, vendeur de zibibbi ou soldat pour enchaîner les gestes et les génuflexions qui sont entre autres un excellent exercice de concentration et de gymnastique.

Dans la chapelle d'un saint, à peu de distance, une file ininterrompue de jeunes et de vieux entrait embrasser le drap vert étendu sur la tombe et prendre à deux mains le Coran enveloppé d'un mouchoir de tissu argenté pour se le frotter sur le visage, y plonger le nez comme pour en respirer la grâce, avant de mettre de l'argent dans le tronc des offrandes.

Personnellement, chaque fois que je me trouve dans un pays islamique, j'éprouve une sorte d'inquiétude. Je suis attiré par l'incroyable solidarité masculine, inhabituelle pour nous, trop physique pour moi, et je suis rebuté par la dureté, l'austérité, l'absence de joie et de plaisir qui domine les mosquées nues, où il semble que rien, absolument rien ne doive distraire l'homme du rapport avec son dieu invisible et inaccessible : un dieu qui n'est sur aucun autel, à qui on ne peut rien demander, à qui on ne confie rien, avec qui on ne dialogue pas, devant qui on ne pleure pas, mais qui semble tout contrôler. Une religion inquiétante, mais c'est la leur. La religion d'un milliard de personnes.

La légitimité du pouvoir des talibans venait de là, de cette religion et de ses représentants, les mollahs. Ce n'est certainement pas un hasard si aux yeux des masses afghanes l'investiture du mollah Omar comme chef spirituel des talibans, et pas seulement militaire et politique, a eu lieu quand le jeune moudjahid a endossé, à Kandahar en 1994, la Kherqa, le manteau sacré qui aurait appartenu à Mahomet.

En 1768, l'émir de Boukhara avait offert la Kherqa à Ahmad Shah, le fondateur de l'Afghanistan moderne, celui qui pour la première fois avait réussi à rassembler les différents clans et à donner au pays un semblant d'État. Pendant son transport à Kandahar, où il est conservé dans une mosquée construite à son intention, le manteau est resté quelques jours à Kaboul. La pierre sur laquelle on l'a posé est vénérée aujourd'hui dans un sanctuaire, Ziarat-e-Sakhi, qui avec ses deux petites coupoles bleues domine une des collines qui entourent Kaboul. Selon la légende, l'esprit d'Ali, cousin et gendre de Mahomet, est venu alors rendre hommage à la relique et l'empreinte de pied qu'on voit aujourd'hui sur la pierre est le signe de son passage.

Peut-être parce qu'un des plus grands cimetières de la ville s'étend aux pieds du sanctuaire, avec des milliers de simples pierres sans nom qui projettent leur ombre courte sur la terre, peut-être parce que le matin où j'y suis allé il y avait peu de monde et que des enfants jouaient avec des bandes de pigeons dans la cour, je me souviens de Ziarat-e-Sakhi comme du lieu le plus paisible et le plus intense de Kaboul.

Et Al-Qaida ? Que savaient les gens de Kaboul de cette organisation ? Que savaient-ils d'Oussama ? Peu de choses. Selon diverses personnes avec qui j'ai parlé, le nom d'Al-Qaida était pratiquement inconnu et ce n'est qu'après le 11 Septembre que l'organisation de Ben Laden, mentionnée dans toutes les transmissions des radios étrangères dans les langues locales, est entrée dans le jargon populaire.

Et les Arabes ? « Les talibans disaient que c'étaient des moudjahidin étrangers venus nous aider dans le djihad et donc nos hôtes », dit-on maintenant. Il y en avait dans différents quartiers de Kaboul, mais ils restaient à part, ils ne se mêlaient pas à la population afghane ; ils menaient leur propre vie. On ne les aimait pas et, comme tous les étrangers en général, on les considérait avec suspicion.

Reste le fait que le mot « hôte » n'a pas pour les Pachtouns le même sens que pour nous. Les voyageurs du XIXe siècle et du siècle dernier faisaient déjà remarquer que la *melmastia*, le devoir d'hospitalité, était telle, selon le *pachtounwali*, le code d'honneur des Pachtouns, qu'on en arrivait à risquer sa vie pour protéger un hôte. C'est pourquoi il n'est pas à exclure, même si ça nous paraît absurde en Occident, que le mollah Omar, en même temps pachtoun et « défenseur de la foi », se soit vu dans le double devoir tribal et religieux d'offrir asile et protection à son « hôte » Oussama Ben Laden et aux moudjahidin étrangers.

Il est utile de rappeler leur histoire. Quand les Soviétiques ont envahi l'Afghanistan en 1979, les États-Unis y ont vu l'occasion idéale pour « prendre l'ours au piège », affaiblir l'Union soviétique et venger les cinquante mille soldats que les États-Unis avaient perdus dans la guerre du Vietnam. Moscou avait aidé les Vietcongs et les Nord-Vietnamiens à humilier les États-Unis ; Washington allait aider les Afghans à humilier et à vaincre les Soviétiques. Il s'agissait de trouver quelqu'un qui soit aux côtés des Afghans pour se battre pour eux. C'est ainsi que les Américains ont découvert le fondamentalisme islamique, non comme ennemi, mais comme allié. Poussés par une campagne de propagande en faveur du djihad que les Américains ont animée, des milliers de jeunes de tout le monde musulman se sont offerts pour aller combattre « l'Empire du Mal », présenté à dessein comme surtout « anti-islamique ». Dans ce qu'ils ont appelé « opération Cyclone », les États-Unis ont financé, formé, armé et amené en Afghanistan trente-cinq mille « moudjahidin étrangers ».

La guerre a duré dix ans. En 1989, après avoir perdu quinze mille soldats, les Soviétiques se sont retirés et les Américains, ayant atteint leur but, n'ont plus trouvé aucun intérêt à l'Afghanistan. Ils ont fermé leur ambassade de Kaboul et laissé leurs moudjahidin étrangers survivants du djihad se débrouiller tout seuls. Des milliers d'Égyptiens, Yéménites, Algériens, Tchétchènes, Ouïgours chinois et autres se sont ainsi retrouvés livrés à eux-mêmes.

Ils ne pouvaient pas retourner chez eux parce qu'aux yeux de leurs gouvernements ce n'étaient pas des *ghazi*, des vétérans, dignes de respect, mais de dangereux révolutionnaires à éliminer ; ils ne pouvaient pas aller ailleurs parce qu'aucun autre pays n'était disposé à les accueillir (certains d'entre eux ont cherché à retourner vivre dans le monde arabe, mais ils ont été emprisonnés aussitôt et, dans la plupart des cas, assassinés). Les moudjahidin étrangers n'ont pas eu d'autre choix que de rester en Afghanistan et se mettre au service d'Oussama Ben Laden. Son nouveau djihad contre les États-Unis, qui « occupent les lieux sacrés de l'islam, soutiennent Israël contre les Palestiniens et donnent leur appui aux régimes corrompus du monde arabe », était convaincant pour ceux qui, à ce stade, se sentaient doublement trahis par les Américains. C'est ainsi qu'est né Al-Qaida et que l'Afghanistan, « le seul véritable État islamique du monde », selon la définition des talibans, est devenu avec tous ces «hôtes» le point de repère de tous les mouvements fondamentalistes islamiques. Dans une moindre mesure, et sans les camps d'entraînement, quelque chose de similaire s'était déjà produit dans les années 1920 quand le roi Amanoullah, encore une fois pour se gagner les bonnes grâces des mollahs, avait offert l'hospitalité à de nombreux militants islamistes provenant de divers pays et surtout de l'Inde britannique.

Le panislamisme, ne l'oublions pas, a des racines afghanes et ce n'est pas un hasard si la tombe de Jamaluddin Afghani, considéré comme le père de ce mouvement destiné à stabiliser l'unité du monde musulman, se trouve au centre de l'université de Kaboul, à demi détruite aujourd'hui. Afghani, né en 1838, vécut une grande partie de sa vie en Perse, en Égypte et en Turquie. La question de fond de toute sa pensée était celle qui aujourd'hui encore tracasse l'islam : comment concilier la religion et la modernité. La solution proposée par Afghani était une acquisition sélective des conquêtes occidentales, mais surtout l'unification de tous les pays islamiques du monde dans un grand califat. Oussama Ben Laden avait peut-être réussi à convaincre le mollah Omar que l'Afghanistan était ce califat. Il s'agissait de l'étendre. Ce qu'ont été les rapports entre Oussama et le chef spirituel des talibans reste pour nous un mystère, mais il n'est pas improbable qu'Oussama, étant donné sa culture islamique plus sophistiquée, son âge, ses origines et son expérience du monde, ait eu une grande influence sur le mollah Omar.

Et Al-Qaida ? Ce n'était et ce n'est toujours probablement pas une organisation homogène et centralisée comme on veut nous le faire croire. Les groupes qui en font partie – peut-être seulement de façon très informelle – ont des origines et des histoires diverses.

À cinq heures de voiture de Kaboul, dans une prison de l'Alliance du Nord, il y a aujourd'hui trois cent vingt-neuf prisonniers talibans. Deux d'entre eux sont ouïgours, c'est-à-dire qu'ils appartiennent à la minorité turque de religion musulmane qui vit depuis des siècles dans la région la plus occidentale de la Chine, le Xinjiang. Voici comment ces deux hommes de vingt-deux et vingt-cinq ans en sont arrivés là.

Comme en Chine, les Ouïgours sont victimes de la discrimination, ils ne peuvent pas étudier leur langue, et encore moins lire le Coran en arabe, des familles ont commencé au fil des ans à envoyer leurs fils dans les madrasas du Pakistan, pays qui entretient d'excellents rapports avec la Chine. Pendant quelque temps, tout s'est bien passé. Puis la Chine, s'apercevant que ces étudiants se radicalisaient, a demandé au Pakistan de les rapatrier. Une fois rentrés, ils ont été poursuivis : cent trente-deux d'entre eux – d'après le récit des deux prisonniers – ont été exécutés ; les autres, dont les deux en question, ont réussi à s'enfuir et à se rendre dans le seul pays qui leur ait donné asile : l'Afghanistan. Mais ici aussi les Chinois ont continué à les poursuivre. Le gouvernement de Pékin construisait un nouveau central téléphonique à Kaboul et menaçait de retirer techniciens et subsides si les talibans ne lui livraient pas les Ouïgours. Les talibans ont refusé, en arguant du devoir d'hospitalité qui leur a fait refuser ensuite de livrer Oussama aux Américains, mais dans le cas des Chinois, ils ont trouvé un compromis : ils ont promis de maintenir les Ouïgours sous surveillance et de les empêcher d'utiliser le territoire afghan pour des activités anti-chinoises. C'est ce qui est arrivé : les Ouïgours de Kaboul sont restés pratiquement assignés à résidence, et ce n'est que lorsque les bombardements américains ont commencé qu'ils ont été envoyés par les talibans se battre sur le front de Kunduz où ces deux-là ont été capturés.

Et maintenant ? Ils attendent tous deux que quelqu'un s'occupe d'eux. Mais qui ? Pour aller où ? Personne ne veut d'eux.

En massacrant plus de cinq cents prisonniers dans la citadelle de Mazar-e-Charif, les troupes du général Dostum (maintenant vice-ministre de la Défense du nouveau gouvernement de Kaboul) et leurs conseillers américains et anglais ont évité que se pose un problème similaire.

Les Américains pensent peut-être qu'en tuant tout germe du Frankenstein qu'ils ont eux-mêmes créé ils peuvent résoudre le problème du terrorisme. Mais cela ne se passera pas ainsi, à moins qu'ils n'affrontent les innombrables problèmes qui, par des voies diverses, ont amené des gens aussi différents que les Saoudiens et les Ouïgours, les Tchétchènes et les Algériens dans un endroit comme l'Afghanistan.

La coalition actuelle contre le terrorisme ne fait qu'aggraver ces problèmes et miner avec de plus en plus d'intolérance et de haine la route vers une réconciliation possible entre les Chinois et leurs minorités musulmanes, entre les Russes et les Tchétchènes, entre le monde musulman en général et l'Occident. Sans parler d'une possible réconciliation entre les différents groupes afghans.

Kaboul est aujourd'hui une ville sur le qui-vive ; une ville où, par prudence ordinaire, les gens disent ce que l'interlocuteur occidental veut entendre : les talibans étaient horribles, l'intervention américaine a été la bienvenue. Il a fallu un vieux poète de plus de quatre-vingts ans, quelqu'un qui n'a plus rien à craindre et que j'ai trouvé au lit, malade, pour m'écrire de sa main, en pachtoun, ces vers dans mon carnet de notes :

Dans le jardin
j'ai ramassé par hasard
du raisin et des éclats de bombes.
Merci pour les cadeaux,
George Bush.
Sur les traces d'Attila
le bain de sang
en Afghanistan
est maintenant chaud.

Les gens s'ouvrent quand ils vous connaissent mieux et commencent à dire plus franchement ce qu'ils pensent, parfois même à manifester une sorte de nostalgie naïve des talibans : durs mais honnêtes, simples, spartiates, qui mangeaient peu et mal, qui ne volaient pas et « ne pensaient qu'à l'islam et à mourir ». Ils se rendent parfaitement compte que les dirigeants actuels ne sont là que grâce aux Américains qui leur ont ouvert la route de Kaboul à coups de bombes ; ils savent que ce sont les mêmes soldats qui dans le passé ont détruit, violé et pillé la ville, et ils se méfient.

Un chauffeur afghan des Nations unies m'a raconté une conversation entre des soldats de l'Alliance du Nord, dans les premiers jours après la prise de Kaboul. Ils étaient très en colère parce qu'ils étaient arrivés en pensant piller la ville – ils avaient déjà une adresse où voler des voitures –, mais au dernier moment leurs commandants les en avaient empêchés sur ordre des Américains.

Les gens savent aussi que les talibans ne sont pas du tout finis, que beaucoup sont retournés dans leurs villages et qu'ils sont prêts à se manifester de nouveau, et que d'autres, moins mêlés aux aspects les plus odieux du régime, sont libres à Kaboul. Je suis allé un jour parler avec des professeurs de l'académie des Sciences. Quand je suis sorti du bureau du sous-directeur – une pièce poussiéreuse avec un poêle en fonte sans bois et des feuilles de plastique aux fenêtres à la place des vitres –, six ou sept hommes d'âge moyen et de grande prestance, avec barbes, turbans et grands châles marron brodés de vert sur les épaules, attendaient assis de pouvoir entrer. « Ce sont des fonctionnaires de l'ancien ministère taliban des Pèlerinages à La Mecque », m'a dit l'homme qui m'accompagnait en descendant l'escalier.

Ces hommes me paraissaient de vrais Afghans, des Afghans en harmonie avec la foule du marché, avec les vieux qui, depuis la levée d'interdiction des talibans, se retrouvaient de nouveau chaque jour pour parier sur les combats de coqs dans les ruelles tortueuses autour de la mosquée de Pul-e-Khishti, avec ceux que je voyais venir prier sur la bande de ciment sous mes fenêtres. Ces « talibans » qui n'avaient jamais quitté leur pays, qui avaient vécu et partagé tous les drames des vingt dernières années me paraissaient beaucoup plus afghans que les Afghans de la diaspora, les exilés que je voyais revenir après des années à Kaboul et proposer leur expérience d'occidentalisés pour la reconstruction du pays. En costume comme des étrangers, souvent avec un imperméable dans une ville où il ne pleut pas et où, même s'ils y sont nés, ils ne trouvent plus rien de familier, ils sont immédiatement repérables. Parfois presque pathétiques.

Je dois à un de ces exilés, qui grâce à son français parfait a déjà un poste au ministère ressuscité de la Culture, un des rares moments drôles de mon séjour à Kaboul.

Je m'étais joint un matin à un petit groupe de diplomates occidentaux, invités justement par le ministre à examiner les preuves d'un des «crimes» commis par les talibans. Le rendez-vous était devant la Galerie d'Art moderne, un vieux bâtiment encore en bon état proche du sanctuaire du Roi des Deux Épées. Le jeune nouveau fonctionnaire francophone qui servait de guide nous a expliqué que le ministre du régime taliban pour la Protection de la vertu et la Lutte contre le vice était venu en personne quelques mois plus tôt procéder à l'épuration. Nous avons fait le tour des quatre pièces en remarquant sur les murs les places vides des œuvres manquantes puis, devant une porte scellée et munie d'un papier signé du Premier ministre, nous avons attendu qu'un des gardiens réussisse à trouver la clef.

Finalement, un homme d'une cinquantaine d'années avec une belle barbe rousse de henné, un turban et un châle marron – peut-être le ministre ? – a rompu les scellés et ouvert la porte. Par terre, déjà couverts de poussière, se trouvait une vingtaine de tableaux de scènes historiques avec des soldats et des chevaux et trois grandes toiles représentant des femmes grandeur nature, pensives et nues – complètement nues – en train de s'essuyer ou de regarder leur mont de Vénus dans le miroir. Les flashes des appareils photo aveuglaient les malheureux gardiens barbus contraints de tenir les toiles verticalement, le jeune fonctionnaire francophone continuait de parler de cet «horrible crime contre la liberté d'expression du peuple afghan», un diplomate découvrait que les peintures étaient des copies afghanes de tableaux français du début du siècle dernier. J'ai éclaté de rire.

Parmi ces Afghans de la diaspora qui retournent maintenant à Kaboul – et certains sont déjà membres du nouveau gouvernement – il y a aussi des médecins, des ingénieurs et des hommes d'affaires avec de l'expérience, mais il est évident que l'Afghanistan qu'ils rêvent de mettre sur pied sera une copie des pays occidentaux d'où ils viennent, tout comme l'étaient les bâtiments et les fontaines construits par le roi Amanoullah. Ce serait aussi un Afghanistan qui plairait à la communauté internationale et à ses intérêts. Mais serait-ce un Afghanistan des Afghans ?

C'est maintenant à Hamid Karzaï, le nouveau Premier ministre, de trouver un équilibre entre toutes ces forces. C'est un homme courageux et honnête ; qui a été mêlé à toutes les phases de l'histoire récente de son pays et qui n'a jamais mis beaucoup de distance entre lui et sa terre. Son père a été tué par les Pakistanais, et lui, qui avait été ministre des Affaires étrangères dans le gouvernement des moudjahidin, a fini par être arrêté. Prisonnier de l'Alliance du Nord, dont il est pratiquement l'allié à présent et la face présentable devant le monde, Karzaï a réussi à fuir et à se réfugier à Quetta au Pakistan. Quand les talibans ont pris le pouvoir en 1996, Karzaï a entretenu de bons rapports avec eux et on a même parlé à un certain moment de la possibilité qu'il devienne leur ambassadeur aux Nations unies, si la communauté internationale décidait, comme il aurait été normal selon les critères du droit international, de reconnaître le gouvernement des talibans et non plus celui, évincé, de l'Alliance du Nord.

La prise de position de Karzaï contre les talibans est venue plus tard, quand le régime du mollah Omar, peut-être sous l'influence croissante d'Oussama, s'est ultérieurement radicalisé. Karzaï a une grosse dette envers les Américains. Ils lui ont sauvé la vie deux fois quand, entré en Afghanistan après le début des bombardements, il allait être capturé par les talibans. Les Américains l'appuient, mais être vu comme «l'homme des États-Unis» ne l'aide pas. Pas plus que de ne pouvoir demander aux Américains de cesser de bombarder le pays qu'il gouverne en théorie et de ne pouvoir décider comment et combien de temps la force multinationale peut rester à Kaboul. En Afghanistan, être trop ami avec des étrangers n'est pas une bénédiction.

On dit partout que les étrangers sont aujourd'hui les bienvenus en Afghanistan. Ce n'est pas vrai: l'hostilité des Afghans envers tous ceux qui passent dans leur pays, surtout non invités, est ancienne et profonde.

Un écrivain américain, dans son récit d'un voyage fait en Afghanistan en 1925, *Beyond Khyber Pass*, parle d'un historien afghan qui lui dit: «Tu es étranger et tu rempliras notre pays de machines et de fumée, tu rendras égaux esclaves et maîtres et tu détruiras la vraie religion... pas toi, mon ami, mais le destin que tu apportes avec toi.» Cet homme de 1925 n'était pas un taliban et il n'est pas nécessaire d'être taliban aujourd'hui pour penser comme lui. L'étranger en Afghanistan est toujours perçu ainsi, et les étrangers que les Afghans ont vus arriver jusqu'ici sous un prétexte ou un autre, avec tel ou tel uniforme, l'ont tous été immanquablement: soupçonnés de vouloir apporter une nouveauté inacceptable ou coupables d'un crime qui demande vengeance.

J'en ai vu une, en miniature, de mes yeux. J'étais allé faire un tour à l'hôpital de campagne que les Russes installaient à Kaboul, manifestement pour avoir eux aussi une bonne raison d'être présents dans la capitale afghane et pour surveiller ce que font les Américains. Les soldats de Moscou de garde à l'entrée sont des jeunes du contingent; ils ne touchent pas de solde et ne refusent pas une cigarette. Un de ces soldats allait en allumer une que venait de lui donner un groupe de gamins quand le garde afghan qui se trouvait près de là a hurlé: « Arrête! Arrête! » Tandis que les enfants s'enfuyaient en riant, l'Afghan a ouvert la cigarette: de la poudre à fusil était cachée dans le tabac.

Des épisodes comme celui-ci font penser qu'avec le temps, si les bombardements continuent de causer leur nombre habituel de morts « par erreur », si les Américains continuent de vouloir capturer tous les talibans – qu'ils soient commandants, ministres ou ambassadeurs – et à vouloir emmener pour les « interroger » sur un navire au large ou sur la base de Guantánamo pour les juger d'on ne sait quels crimes, même les soldats de la force de paix pourront être l'objet de vengeance. Pour les habitants de Kaboul, et sûrement encore davantage dans les campagnes où les bombardements rasent des villages entiers, ravagent les champs et changent le paysage des montagnes en balayant leurs sommets, ces soldats étrangers qui patrouillent sur les routes ne sont pas différents de ceux qui sont assis dans les B-52. C'est peut-être la raison pour laquelle les Anglais, qui ont voulu aller les premiers en Afghanistan, ont déjà dit qu'ils voulaient en partir dans les trois mois pour laisser d'autres tirer les marrons du feu.

Le pays ne pourra solder les comptes de vengeance qui sont manifestement encore ouverts que s'il y a une réconciliation entre Afghans, et si tous les Afghans – ceux de l'Alliance du Nord et ceux qui rentrent d'exil, mais aussi les talibans – peuvent décider entre Afghans, sans trop d'ordres et de conseils extérieurs, dans quel Afghanistan ils veulent vivre. C'est un travail titanesque.

Un grand personnage de ce siècle l'avait compris, Badshah Khan, le « Gandhi de la frontière », « le musulman soldat de paix », un Afghan de la région de Peshawar qui rejoignit très jeune le mouvement de Gandhi et consacra sa vie à convaincre son peuple, les Pachtouns, une des ethnies les plus belliqueuses de la terre, de renoncer à la violence et à leur ancien code d'honneur qui impose à chacun le *badal*, l'obligation de venger par le sang toute dette de sang et même une simple insulte subie par l'ethnie, le clan, la famille : un code de vengeance qui entache depuis des siècles l'histoire afghane.

Badshah Khan parvint à réunir une armée de plus de cent mille hommes, les « esclaves de Dieu », voués à la non-violence. À la tête de ces soldats sans armes, Badshah Khan participa à la lutte contre les Anglais pour l'indépendance. Personnage exceptionnel, fort, avec un grand nez, presque deux fois plus grand que le Mahatma, Badshah Khan fut aux côtés de Gandhi dans toutes ses grandes batailles, dont la dernière contre la partition entre l'Inde et le Pakistan. Lui, qui était pourtant un musulman dévot, ne croyait pas à l'idée d'un État fondé sur l'exclusivité religieuse. Il ne croyait pas non plus que les Pachtouns devaient accepter la ligne Durant, cette frontière artificielle établie par le colonialisme britannique qui les laissait divisés comme ils le sont encore : une partie au Pakistan et l'autre en Afghanistan. C'est pourquoi lorsqu'il mourut en 1988 à quatre-vingt-dix-huit ans, après avoir passé un tiers de sa vie dans les prisons d'abord anglaises puis pakistanaises, il voulut être enterré à Jalalabad. L'Afghanistan, occupé alors par les Soviétiques, était en pleine guerre, mais lui, sur son lit de mort, continua de répéter que la non-violence est la seule forme de défense possible et la seule voie pour sauver le monde.

Son dernier message fut une simple question: « Pourquoi produit-on encore des armes de destruction massive ? »

C'est une question lourde de sens encore aujourd'hui. Une question à laquelle devraient répondre tout d'abord des pays comme les États-Unis qui, tout en produisant continuellement ce type d'armes – dont ils possèdent déjà des quantités considérables dans leurs arsenaux –, menacent à tout moment d'attaquer un État comme l'Irak, soupçonné de faire la même chose: produire les siennes.

À ce problème des armes de destruction de masse, il n'y a qu'une solution: détruire toutes celles qui existent et cesser d'en produire de nouvelles. Ainsi aucun État, « scélérat » ou pas, ne pourra les utiliser; aucun terroriste, islamiste ou pas, ne pourra s'en emparer comme l'a fait un quelconque citoyen américain, toujours en fuite et impuni, avec les spores d'anthrax.

Bien peu de gens se souviennent encore de Badshah Khan et de sa vie consacrée en vain à la paix. Mais ce n'est pas surprenant: presque personne, en Inde même, ne se souvient vraiment de son maître spirituel, Gandhi, et de ce que cette Grande Âme a prêché avec sa vie et sa mort.

L'Inde, que Gandhi avait voulu voir devenir un exemple de non-violence, l'Inde dont il pensait qu'elle pourrait se défendre sans armée et simplement avec la *satyagraha*, la force de la vérité, cette Inde a maintenant des centaines de milliers de soldats dotés de chars d'assauts, de pièces d'artillerie, de jets et d'armes atomiques, déployées de nouveau contre cette autre partie d'elle-même qu'est le Pakistan.

Le *samadhi* de Gandhi, le lieu destiné à honorer sa mémoire, est à six kilomètres de chez moi, à Raj Ghat, dans une plaine aride que les Anglais, en construisant New Delhi, ont laissée complètement vide et ouverte au cas où leurs canons devraient tirer sur quiconque de la vieille Delhi chercherait à marcher vers la nouvelle capitale. J'ai voulu y retourner ce matin.

Dans une enceinte de pierre rose s'étend une grande pelouse verte au centre de laquelle, là où le corps du Mahatma a été incinéré, une flamme brûle en permanence. Tout est négligé et sale. Il n'y pas de fleurs dans les parterres ni d'eau dans les bassins carrelés le long du parcours. Gandhi non plus n'y est pas, ni son esprit. Malgré les touristes et les dignitaires étrangers en visite en Inde qui s'y rendent, c'est comme si cet endroit et ce qu'il représente n'étaient plus à la mode.

Sur la plate-forme de marbre noir, toute simple et nue, où quelqu'un a jeté une poignée de fleurs, se détachent deux syllabes en hindi : *Hei Ram*, « Oh, Dieu », que Gandhi a prononcées quand il a été atteint par les balles de son assassin. C'est comme si ce Père, Bapu, les redisait, aujourd'hui que l'Inde, en oubliant son exemple, l'a tué une seconde fois. *Hei Ram.*

Lettre de l'Himalaya
Que faire ?

Dans l'Himalaya indien, le 17 janvier 2002

J'aime être dans un corps qui vieillit. Je peux regarder les montagnes sans le désir de les escalader. Quand j'étais jeune, j'aurais voulu les conquérir. À présent, je peux me laisser conquérir par elles. Les montagnes, comme la mer, évoquent une forme de grandeur qui inspire l'homme, qui l'élève. Cette même grandeur est aussi en chacun de nous, mais c'est difficile de l'y reconnaître. C'est pourquoi nous sommes attirés par les montagnes, et qu'à travers les siècles tant d'hommes et de femmes sont venus ici dans l'Himalaya, espérant trouver dans ces hauteurs les réponses qui leur échappent dans la plaine. Ils continuent de venir.

L'hiver dernier est passé devant mon refuge un vieux *samnyasin* vêtu d'orange. Il était accompagné d'un disciple, pratiquant aussi le renoncement.

« Où allez-vous, Maharaj ? leur ai-je demandé.

— Chercher Dieu », ont-ils répondu comme si c'était la chose la plus évidente du monde.

J'y viens, comme cette fois-ci, pour essayer de mettre un peu d'ordre dans mon esprit. Les impressions des derniers mois ont été extrêmement fortes et avant de repartir, de « redescendre en plaine », j'ai besoin de silence. C'est le seul moyen d'entendre parfois la voix qui sait, la voix qui parle en nous. Ce n'est peut-être que la voix du bon sens, mais c'est une voix vraie.

Les montagnes sont toujours généreuses. Elles m'offrent des aubes et des crépuscules uniques ; le silence n'est troublé que par les bruits de la nature qui le rendent encore plus fort.

La vie ici est très simple. J'écris assis sur le plancher, un panneau solaire alimente mon petit ordinateur ; j'utilise l'eau d'une source où s'abreuvent les animaux de la forêt – parfois même un léopard –, je fais cuire du riz et des légumes sur une bonbonne de gaz, en veillant à ne pas jeter l'allumette qui m'a servi. Ici tout s'économise, on ne gaspille rien et on apprend vite à redonner de la valeur à toutes les petites choses. La simplicité aide énormément à mettre de l'ordre.

Je me demande quelquefois si le sentiment de manque, d'impuissance éprouvé par beaucoup, surtout parmi les jeunes, face au monde moderne est dû au fait qu'il leur semble si compliqué, si difficile à comprendre que la seule réaction possible, c'est de croire que c'est celui de quelqu'un d'autre : un monde intouchable, un monde qu'on ne peut pas changer. Mais il n'en est rien : le monde appartient à tous.

Pourtant, devant la complexité de mécanismes inhumains – gérés qui sait où par qui sait qui – l'individu est de plus en plus désorienté, il se sent perdu, et il finit par accomplir simplement son petit devoir dans son travail, dans ses obligations, en se désintéressant du reste et en aggravant ainsi son isolement, son sentiment d'inutilité. C'est pour ça qu'à mon avis, il est important de rapporter chaque problème à l'essentiel. Si l'on se pose les questions de fond, les réponses seront plus faciles.

Nous voulons éliminer les armes ? Alors ne perdons pas de temps à discuter sur le fait que la fermeture des usines de fusils, de munitions, de mines antipersonnel ou de bombes atomiques créera des chômeurs. Réglons d'abord la question morale. Nous aborderons plus tard la question économique. À moins que nous ne voulions nous résoudre, avant même d'essayer, à ce que l'économie détermine tout et que seul ce qui est utile nous intéresse.

On dit que dans l'Histoire il y a toujours eu des guerres. Il continuera donc d'y en avoir. « Mais pourquoi répéter la vieille histoire ? Pourquoi ne pas essayer d'en commencer une nouvelle ? » a répondu Gandhi à qui on faisait cette objection habituelle et banale.

L'idée que l'homme peut rompre avec son passé et faire un saut qualitatif dans son évolution revenait tout le temps dans la pensée indienne du siècle dernier. L'argument est simple : si l'*homo sapiens*, celui que nous sommes aujourd'hui, est le résultat de notre évolution depuis le singe, pourquoi ne pas imaginer que cet homme, avec une nouvelle mutation, devienne un être plus spirituel, moins attaché aux choses matérielles, plus intéressé par ses rapports avec son prochain et moins avide à l'égard du reste de l'univers ?

Et puisque cette évolution a à voir avec la conscience, pourquoi ne pas essayer maintenant, en toute conscience, de faire un premier pas dans cette direction ? Le moment ne pourrait pas être plus approprié puisque cet *homo sapiens* a atteint le maximum de son pouvoir, y compris celui de se détruire avec les armes qu'il s'est créées avec bien peu de sagesse.

Regardons-nous dans la glace. Il n'y a pas de doute qu'au cours des derniers millénaires, nous avons fait d'énormes progrès. Nous avons réussi à voler comme des oiseaux, à nager sous l'eau comme des poissons, nous allons sur la Lune et nous envoyons des sondes sur Mars. Nous sommes mêmes capables de cloner la vie. Pourtant, malgré tout ce progrès, nous ne sommes en paix ni avec nous-mêmes ni avec le monde qui nous entoure. Nous avons empoisonné la terre, profané les fleuves et les lacs, abattu des forêts entières et rendu la vie des animaux infernale, sauf celle des rares que nous appelons nos « amis » et que nous caressons afin qu'ils satisfassent notre besoin de substitut de compagnie humaine.

L'air, l'eau, la terre et le feu, que toutes les civilisations anciennes ont tenus pour les éléments de base de la vie, et donc pour sacrés, ne sont plus, comme ils l'étaient, capables de se régénérer d'eux-mêmes depuis que l'homme est parvenu à les dominer et à en manipuler la force à ses propres fins. Leur pureté sacrée a été corrompue. L'équilibre a été rompu.

Notre grand progrès matériel ne s'est pas accompagné de progrès spirituel. Au contraire : de ce point de vue, l'homme n'a sans doute jamais été aussi pauvre que depuis qu'il est devenu aussi riche. D'où l'idée que l'homme responsable inverse cette tendance et reprenne le contrôle de cet outil extraordinaire qu'est son esprit. Cet esprit employé surtout jusqu'ici à connaître le monde extérieur et à s'en emparer, comme si c'était la seule source de notre bonheur fugitif, devrait se tourner aussi vers l'exploration du monde intérieur, de la conscience de soi.

Idées absurdes d'un fakir assis sur un lit de clous ? Pas du tout. Ce sont là des idées qui, sous une forme ou une autre, avec des langages divers, circulent depuis quelque temps dans le monde. Elles circulent dans le monde occidental, où le système qu'elles critiquent les a déjà assimilées pour en faire les « produits » d'un marché « alternatif » déjà immense, qui va des cours de yoga à ceux de méditation, de l'aromathérapie aux « séjours spirituels » pour tous les frustrés de la course derrière les lapins en plastique du bonheur matériel. Ces idées se propagent dans le monde islamique, déchiré entre tradition et modernité, où l'on redécouvre la signification originelle du djihad, qui n'est pas seulement la guerre sainte contre l'ennemi extérieur, mais surtout la guerre sainte intérieure contre les instincts et les passions les plus basses de l'homme.

Il n'est donc pas dit qu'un développement humain vers le haut soit impossible. Il s'agit de ne pas être inconscients en continuant dans la direction où nous allons en ce moment. C'est une direction folle, comme sont folles la guerre d'Oussama Ben Laden et celle de George W. Bush. Toutes deux se réfèrent à Dieu, mais elles ne rendent pas leurs massacres plus divins pour autant.

Alors arrêtons-nous. Imaginons notre moment présent dans la perspective de nos arrière-petits-enfants. Regardons aujourd'hui du point de vue de demain pour ne pas devoir regretter ensuite d'avoir perdu une bonne occasion. L'occasion de comprendre une fois pour toutes que le monde est un, que chaque partie a son sens, qu'on peut remplacer la logique de la compétitivité par l'éthique de la coexistence, que personne n'a le monopole de rien, que l'idée d'une civilisation supérieure à une autre n'est que le fruit de l'ignorance, que l'harmonie, comme la beauté, est dans l'équilibre des contraires et que l'idée d'éliminer l'un des deux est tout simplement sacrilège. Que serait le jour sans la nuit ? La vie sans la mort ? Et le Bien, si Bush réussit comme il l'a promis à éliminer le Mal du monde ?

Cette manie de vouloir tout réduire à une uniformité est très occidentale. Vivekananda, le grand mystique indien, voyageait à la fin du XIXe siècle aux États-Unis pour faire connaître l'hindouisme. À San Francisco, à la fin d'une de ses conférences, une dame américaine s'est levée et lui a demandé : « Ne pensez-vous pas que le monde serait plus beau s'il y avait une seule religion pour tous les hommes ?

— Non, lui a répondu Vivekananda. Il serait peut-être encore plus beau s'il y avait autant de religions que d'hommes. »

« Les empires grandissent et les empires disparaissent. » Ainsi commence *Les Trois Royaumes*, un classique de la littérature chinoise. Il en sera ainsi de l'empire américain, d'autant plus s'il cherche à s'imposer par la force brutale de ses armes hautement sophistiquées plutôt que par la force des valeurs spirituelles et des idéaux de ses pères fondateurs.

Les premiers à s'apercevoir de mon retour ici ont été deux vieux corbeaux qui tous les matins, à l'heure du petit déjeuner, se plantent sur le *deo-dar*, l'arbre de Dieu, un cèdre majestueux devant la maison, et croassent tant qu'ils peuvent jusqu'à ce qu'ils obtiennent les restes de mon yaourt – j'ai appris à le faire – et les derniers grains de riz dans l'écuelle. Même si je le voulais, je ne pourrais pas me défaire de leur présence et d'une histoire que les Indiens racontent aux enfants à propos des corbeaux. Un jour qu'un seigneur se tenait, comme moi, sous un arbre de son jardin, il ne supporta plus ce croassement impertinent des corbeaux. Il appela ses esclaves qui les chassèrent à coups de pierres et de bâtons. Mais le Créateur, qui se réveillait d'un petit somme, s'aperçut aussitôt que dans le grand concert de son univers, il manquait une voix et, très en colère, il envoya dare-dare un de ses aides sur la terre pour remettre les corbeaux sur l'arbre.

Ici, où on vit au rythme de la nature, le sentiment que la vie est une, qu'on ne peut rien y ajouter ni en supprimer impunément, est très fort. Tout est lié, chaque partie est l'ensemble.

Thich Nhat Hanh, le moine vietnamien, le dit fort bien à propos d'une table, une petite table basse comme celle sur laquelle j'écris. La table est ici grâce à une chaîne infinie d'événements, de choses et de personnes : la pluie tombée sur la forêt où a grandi l'arbre qu'un bûcheron a coupé pour le donner à un menuisier qui l'a monté avec des clous fabriqués par un forgeron avec le fer d'une mine... Si un seul élément de cette chaîne, peut-être l'arrière-grand-père du menuisier, n'avait pas existé, cette table ne serait pas ici.

Les Japonais, quand j'étais encore dans leur pays, pensaient protéger le climat de leurs îles en n'abattant pas leurs forêts et en allant couper les arbres en Indonésie et en Amazonie. Ils se sont vite rendu compte que cela leur retombait dessus : le climat de la terre changeait pour tout le monde, Japonais inclus.

De la même façon, on ne peut pas envisager de continuer à maintenir une grande partie du monde dans la pauvreté pour rendre la nôtre de plus en plus riche. Tôt ou tard, sous une forme ou une autre, la facture nous sera présentée. Par les hommes ou par la nature elle-même.

Ici, on sent profondément que la nature a une présence psychique. Parfois, quand je m'assois tout emmitouflé contre le froid sur une corniche pour observer le premier rayon de soleil qui allume les sommets des glaciers et soulève lentement le voile d'obscurité en faisant émerger du fond laiteux des vallées des chaînes sans fin d'autres montagnes, un air d'immense joie envahit le monde et je m'y sens enveloppé, moi aussi, avec les arbres, les oiseaux, les fourmis : toujours la même vie sous une infinité de formes différentes, magnifiques.

C'est de nous sentir séparés de tout cela qui nous rend malheureux. Tout comme nous sentir séparés de nos semblables. « La guerre ne brise pas seulement les os, elle brise les rapports humains », me disait, à Kaboul, ce personnage volcanique qu'est Gino Strada. Aux urgences où il soigne toutes les autres blessures du corps, Strada, pour réparer ces rapports, a une salle où de jeunes soldats talibans sont à deux pas de leurs « ennemis », des soldats de l'Alliance du Nord. Les uns sont prisonniers, les autres non ; mais Strada espère que les mutilations et les blessures semblables les rapprocheront.

Le dialogue aide énormément à résoudre les conflits. La haine ne crée qu'une autre haine. Un tireur embusqué tue une femme israélienne dans une voiture ; les Israéliens réagissent en tuant deux Palestiniens ; un Palestinien se bourre de TNT et va se faire exploser en même temps qu'une dizaine de jeunes Israéliens dans une pizzeria ; les Israéliens envoient un hélicoptère bombarder un car chargé de Palestiniens ; les Palestiniens... et ainsi de suite. Jusqu'à quand ? Jusqu'à ce qu'il n'y ait plus de Palestiniens ? plus d'Israéliens ? plus de bombes ?

Bien sûr, tout conflit a ses causes, et on y fait face. Mais tout sera inutile tant que les uns n'accepteront pas que les autres existent et sont leurs égaux, tant que nous n'accepterons pas que la violence conduit à la violence.

Même ici dans le silence, j'entends dire : « Beaux discours, mais que faire ? »

Chacun de nous peut faire quelque chose. Tous ensemble nous pouvons faire des milliers de choses.

La guerre contre le terrorisme sert aujourd'hui à la militarisation de nos sociétés, à produire de nouvelles armes, à dépenser davantage pour la défense. Opposons-nous, ne votons pas pour ceux qui soutiennent cette politique, vérifions où nous avons placé nos économies et retirons-les de toute société liée de près ou de loin à l'industrie de l'armement. Disons ce que nous pensons, ce que nous sentons être vrai : en toutes circonstances, tuer est un assassinat.

Parlons de paix, introduisons une culture de paix dans l'éducation des jeunes. Pourquoi faut-il enseigner l'Histoire comme une succession interminable de guerres et de massacres ?

Avec toutes mes études occidentales, j'ai dû venir en Asie pour découvrir Ashoka, un des personnages les plus extraordinaires de l'Antiquité ; un homme qui, trois siècles avant Jésus-Christ, au sommet de son pouvoir, après avoir annexé un autre royaume à son empire déjà immense qui s'étendait de l'Inde à l'Asie centrale, se rend compte de l'absurdité de la violence, décide que la plus grande conquête est celle du cœur de l'homme, renonce à la guerre et, dans les nombreuses langues parlées alors dans ses domaines, fait sculpter dans la pierre les édits de son éthique. Une stèle d'Ashoka en grec et en araméen a été découverte en 1958 à Kandahar, la capitale spirituelle du mollah Omar en Afghanistan où stationnent aujourd'hui les *marines* américains. Une autre, où Ashoka annonce l'ouverture d'un hôpital pour les hommes et d'un autre pour les animaux, se trouve aujourd'hui à l'entrée du Musée national de Delhi.

Encore plus qu'au-dehors, c'est en nous que sont les causes de la guerre. Elles sont dans le désir, la peur, l'insécurité, l'avidité, l'orgueil, la vanité. Nous devons nous en libérer peu à peu. Nous devons changer de comportement. Commençons à prendre les décisions qui nous concernent et concernent les autres sur la base de plus de moralité et moins d'intérêts. Faisons ce qui est juste plutôt que ce qui nous arrange. Apprenons à nos enfants à être honnêtes et non tricheurs.

Retrouvons des traditions de correction, réapproprions-nous la langue, où le mot « Dieu » est devenu une sorte d'obscénité, et recommençons à dire « faire l'amour » au lieu d'« avoir des rapports sexuels ». À la longue, cela change beaucoup de choses.

Il est temps de sortir à découvert, de défendre les valeurs auxquelles nous croyons. Une civilisation se renforce avec sa détermination morale bien plus qu'avec de nouvelles armes.

Nous devons surtout prendre le temps de réfléchir, de faire silence. Nous sommes souvent angoissés par la vie que nous menons, comme l'homme qui fuit effrayé par son ombre et par l'écho de ses pas. Plus il court, plus il voit son ombre le poursuivre ; plus il court, plus le bruit de ses pas devient fort et le trouble, jusqu'à ce qu'il s'assoie à l'ombre d'un arbre. Faisons de même.

Du point de vue de l'avenir, il est encore possible de faire quelque chose dans les jours présents. Faisons-le. Parfois chacun pour soi, parfois tous ensemble. C'est une bonne occasion.

La route est longue et reste souvent encore à inventer. Mais préférons-nous celle de l'abrutissement qui nous menace ? Ou celle, plus brève, de notre extinction ?

Alors bon voyage ! Au-dehors comme au-dedans.

Table des matières

Déjà parus aux éditions Intervalles

LITTÉRATURE

Parano, de Jan Lars Jensen
Douze histoires cul sec, d'Anthony James Perry
D'amour et d'Amazone, d'Anthony Smith
À la recherche d'Hassan, de Terence Ward
Le roman que je n'ai pas écrit, de Linda Grant
1421, l'année où la Chine a découvert l'Amérique, de Gavin Menzies
Twelve Bar Blues, de Patrick Neate
Les mots pour jouir, de Martin Melkonian
Cent un jours à Bagdad, de Åsne Seierstad
Les Ailes de Sarajevo, de Bill Carter
Le Sang des âmes, de Theo Hakola
La fin est mon commencement, de Tiziano Terzani
Soname ou la bonne fortune, de Soname Yangchen
La demoiselle de Sing Sing, d'Idanna Pucci
Collection irraisonnée de préfaces à des livres fétiches, de M. Page et T. B. Reverdy (dir.)
Les petites fées de New York, de Martin Millar
Nos mots croisés, de Daphné Kauffmann
Les Tribulations d'un opiomane (1895-1915), de James S. Lee
Softcore, de Tirdad Zolghadr
Jérusalem, de Patrick Neate
Raga Mala, de Ravi Shankar
Un devin m'a dit, de Tiziano Terzani
Kalix, la loup-garou solitaire, de Martin Millar
Voyage au pays des juges, de Jean-Claude Boulard
Le Cartographe, de Guillaume Jan
Marie et les Autres, d'Axel Léotard
18 % gris, de Zachary Karabashliev
Détrompez-vous !, de Jean Szlamowicz
Rakia, de Theo Hakola
Les Meilleures Intentions du monde, de Gabriel Malika
Christiania ou les enfants de l'utopie, de Laurène Champalle
Comme sur un lit de roses, de Millard Kaufman
Nos années folles, de Linda Grant
Des bambous dans la surface de réparation, de Rowan Simons
Un personnage en Italie, de Daphné Kauffmann
Petit journal de bord des frontières, de Gazmend Kapllani
Voyages sur Chesterfield, de Philippe Coussin-Grudzinski
Là-Batz, le roman d'une île, de Guénaëlle Baily-Daujon
Les Enfants de l'exil, de D. Guelar, V. Jarach, B. Ruiz
Doris Darling, de Ben Elton
Les Menteurs, d'Anthony Neilson
Absolut Barbarian trip, d'Elias Jabre
Comic Strip, d'Arnaud Modat
Bye bye Leningrad, de Ludmila Shtern
Un psychopathe et demi, d'Elias Jabre
Zeus, de Sébastien Gendron
La Nuit des secrets, de David Doma
Je m'appelle Europe, de Gazmend Kapllani
Le Monde selon Cheng, de Stéphane Reynaud
Avec les hommes, de Mikaël Hirsch

Les Heures pâles, de Gabriel Robinson
Sotchi inventaire, de Jean-Claude Taki
Kalix, la malédiction de la loup-garou, de Martin Millar
Qatarina, de Gabriel Malika
La Paix à l'œuvre, de Menahem Begin et Anouar el-Sadate
L'argent a été viré sur votre compte, de Dimitris Sotakis
Traîne-Savane, de Guillaume Jan
Découvrez Mykonos hors saison, de Richard Gaitet
Notre-Dame des Vents, de Mikaël Hirsch
Une bien modeste famille, de Da Ngân
Ça pourrait bien être votre jour de chance, Mileta Prodanović
Baby Baby, de Marianne Groves
Dans la peau d'un monstre (gentil), d'Yves Brunier
Hôtel International, de Rachel Vanier
Un autre tour de manège, de Tiziano Terzani
Physique de la mélancolie, de Guéorgui Gospodinov
La Dernière Page, de Gazmend Kapllani
Libertalia, de Mikaël Hirsch
La Belle Affaire, de Sonia Ristić
Pornification, de Jean-Luc Marret

PHOTOGRAPHIE, LIVRES ILLUSTRÉS

Idolâtrisme, de Jocelyn Bain Hogg
Les Enfants d'Abraham, d'Abbas
Tokyo Love Hello, de Chris Steele-Perkins
Toxi Food, de Sabine Pigalle
India notes, de Raghu Rai et Tiziano Terzani
Cinéma, de Xavier Lambours
Roland-Garros, fenêtre sur courts, de Stéphan Gladieu
De la guerre et de l'amour, de Fouad Elkoury
Lettres kazakhes, de Guillaume Reynard et Jean-Claude Taki
Quarante-cinq histoires d'automobiles, de Magnum Photos et Bruno Gibert
Georges Aperghis : Avis de tempête, de Célia Houdart
Le travail révélé, sous la direction de Sophie Prunier-Poulmaire
Festins libertins, de Sabine Pigalle
Protectors, de Sabine Pigalle
California dreaming, de Naomi Harris et Yann Perreau
Under Gods, de Liz Hingley
La lutte continue, de Tomas van Houtryve
Mortem, d'Éric Atlan
Le Chant du Monstre, revue dirigée par Sophie Duc, Angélique Joyau et Céline Pévrier
Gueule d'Hexagone, du collectif Argos
S.A.P.E., d'Héctor Mediavilla
Sotchi pour mémoire, de Guillaume Reynard et Jean-Claude Taki
Terre de foot, d'Aurélien Abels Eber, Romain de La Bouvrie et Thomas de La Bouvrie
Les Bâtisseurs, de Jérôme Cabanel
It's not only Rock'n'Roll, de Catherine Viale et Mathias Moreau
Papa porte une robe, de Piotr Barsony
Éloge des arborinidés, de Julien Nouveau
Spektrum Berlin, de Matthias Heiderich
Flying Blues, d'Emmanuelle Han
Rhizome, de Geraldine Jacques
EuroBus, de Taylor Holland

Achevé d'imprimer en octobre 2015
par Pulsio.net
Imprimé en Europe
Dépôt légal : quatrième trimestre 2015

Couverture et composition : Amélie Sepulchre
Révisions : Claire Besset, Amélie Sepulchre

ÉDITIONS INTERVALLES

Direction éditoriale : Armand de Saint Sauveur

2 rue Bleue 75009 Paris France
Tel. : +33 1 53 43 83 30
www.editionsintervalles.com